STUDIER FRA
SPROG- OG OLDTIDSFORSKNING

UDGIVET AF

DET FILOLOGISK-HISTORISKE SAMFUND

112. BIND – ÅRGANG 2002

Museum Tusculanums Forlag
Københavns Universitet 2003

Modernitet eller åndsdannelse?

STUDIER FRA SPROG- OG OLDTIDSFORSKNING

UDGIVET AF
DET FILOLOGISK-HISTORISKE SAMFUND

112. BIND – ÅRGANG 2002
NR 339

Til mine forældre

Modernitet eller åndsdannelse?

Engelsk i skole og samfund
1800-1935

Jens Rahbek Rasmussen

Museum Tusculanums Forlag
Københavns Universitet 2003

Jens Rahbek Rasmussen: Modernitet eller åndsdannelse? Engelsk i skole og samfund 1800-1935
Studier fra Sprog- og Oldtidsforskning nr. 339

© 2003, Museum Tusculanums Forlag
Redaktion: Mogens Herman Hansen
Omslag, layout, sats: Pernille Sys Hansen
Sat med Aldus
Trykt hos Special-Trykkeriet Viborg a-s
ISBN 87 7289 868 2
ISSN 0107 9212

Forsideillustration:
Plakat af Ib Andersen, Den Britiske Udstilling, 1932. 64 × 170 cm.
Gengivet efter Steen Ejlers: *Ib Andersens Brugsgrafik*. Politiken, København 1984, med tilladelse fra Ib Andersens søn, Povl Valdemar Andersen.

Bogen er udgivet med støtte fra
Statens Humanistiske Forskningsråd

Museum Tusculanums Forlag
Njalsgade 92
DK-2300 København S
www.mtp.dk

Indholdsfortegnelse

Indledning 7

Småstatsidentitet og modbilleder: Danmark mellem stater og kulturer efter 1864 13
   Alternativer til England 17
      Tyskland 17
      Sverige og Norden 19
      Frankrig 20
   Englandsbilledet i Danmark 22
      Heiberg og Grundtvig 29
      Georg Brandes 34
      Omkring Boerkrigen 35
      Omkring 1. verdenskrig 38
      England i danske aviser o. 1900 40

Engelsk fra handelssprog til gymnasiefag 47
   Fra latinskolen til den lærde skole 1536-1809 51
   Den lærde skole – en oversigt 1809-1903 55
   1809-forordningen og de moderne sprog i den lærde skole 57
   1830-1860: Kravet om mere realdannelse 61
      Den klassiske dannelse og dens kritikere 72
   1850-loven bliver til 76
   1860-1890: Almendannelsen splittes op 79
   1890-1900: Pædagogisk debat, politisk stilstand 88
      Sprogfagene og Danmarks internationale placering 94
      Engelskfaget og Otto Jespersen 96
   1903-loven og dens modtagelse 100

*Kritik fra erhvervslivet og forslag om
et handelsgymnasium 105
Nina Bangs kritik af gymnasiet 110
Det nysproglige gymnasiums identitetskrise 111*

Forkortelser 116

Noter 117

Indledning

I april 1901 skulle den nye, endnu ukronede, britiske konge Edward VII have aflagt besøg i København sammen med sin danske dronning Alexandra. Det endte med at besøget blev aflyst, og at kun Alexandra kom på en privat visit.[1] Men inden da var der opstået den tanke at invitere nogle engelske studerende til Danmark; en komité blev nedsat med filosoffen Harald Høffding som formand og forskellige studenterorganisationer blev indbudt til at medvirke, heriblandt Studenterforeningen. På en ekstraordinær generalforsamling den 2. marts anbefalede ledende senior Steinthal planen under henvisning til hvor vigtigt det var for os at have kontakter med større lande – ikke mindst England.[2]

Planen blev dog mødt med et bredt spektrum af indvendinger. Var England nu også den rigtige større nation at tage kontakt til? Andre forsikrede om deres respekt for England og dets kommercielle dygtighed, men netop derfor var der risiko for at det var „handelsstanden" der ville komme til at sætte sit præg på hele arrangementet, og det kunne ikke accepteres; man kunne med sindsro overlade den tvivlsomme ære til konkurrenterne i Studentersamfundet. Det var også uheldigt at besøget faldt sammen med 100-året for 1801 (hvad der jo åbenbart ikke ville have generet kongeparret), og at det kunne misforstås af sønderjyderne at man her under Boerkrigen så åbenlyst demonstrerede sympati for England. Glemmes måtte det heller ikke at de færreste danske studenter overhovedet var interesseret i England, endsige kunne tale engelsk.

Forslaget faldt med et brag, men der var investeret så megen akademisk prestige i planen at man ikke kunne lade det blive ved det. Otto Jespersen, der i 1893 var blevet den første professor i engelsk ved Københavns Universitet, meldte sig ind i Studenterforeningen med det ene formål at få sagen taget op igen, hvad den da også blev på endnu en ekstraordinær generalforsamling – ironisk nok netop den 2. april, årsdagen for Slaget på Reden. Her blev det tunge skyts rullet ud for at vende stemningen. Professor Lütken fra Polyteknisk Læreanstalt indrømmede at der var sprogvanskeligheder (kun 10% af de studerende kunne tale engelsk, mente han), men det var vel også nok til at vise de engelske gæster rundt, og i øvrigt kunne det måske få os til at indse at vi måtte lære sproget; Lütken citerede her en (unavngiven) tysk professor for „at engelsk er og end mere vil blive det videnskabelige verdenssprog".[3] Historikeren Kristian Erslev vedgik at han ikke talte engelsk, men danskerne havde behov for at lære England og englænderne at kende og skabe en modvægt til indflydelsen fra fransk og især tysk åndsliv. – Endelig satte Otto Jespersen trumf på og talte varmt om englænderne og deres „tilgængelighed":

> England er en verdensnation og interesserer sig som sådan for andre nationer, medens vi er snæversynede og derfor risikerer at blive distanceret. Og mens vi kun kender lidt til verden, kender englænderne grumme meget til den. De kender mere til Danmark end vi til dem.[4]

Det har muligvis ikke gavnet sagen at Lütken kom fra en institution hvis studerende foreningen nægtede at optage som medlemmer, eller at Jespersen var tæt knyttet til Studentersamfundet og den akademiske venstrefløj. Under alle omstændigheder faldt forslaget igen, omend med den snævrest mulige margin: 122 stemte mod, 121 for.[5]

Denne episode er på mange måder symptomatisk for den danske elites forhold til Storbritannien omkring århundredskiftet. Man kender ikke meget til landet, og måske på grund af dette ukendskab nærer man så en vis uvilje mod det. Man associerer det med handel og penge og betvivler derfor at det kan have interesse som kulturnation. Englænderne er rige, snobbede og utilgængelige. Man er også betænkelig ved at sympatitilkendegivelser kan tolkes forkert – ikke blot af tyskerne, men også, i hvert fald i den specielle situation under Boerkrigen, af de danske sønderjyder! Sidst men ikke mindst er man sig bevidst ikke at beherske sproget.

Få måneder senere kom systemskiftet, og man var på dette tidspunkt allerede i fuld gang med at forberede loven om højere almenskoler af 1903, som skulle gøre engelsk til et af gymnasiets hovedfag. Men indtil da kunne man altså blive dansk student uden at have haft engelsk, og skønt de fleste faktisk benyttede sig af den mulighed de fra 1871 havde haft for at læse faget i de to øverste klasser, kom de fleste ikke ud med andet end kendskab til elementær grammatik og kaptajn Marryats romaner.

Om dette handler mit essay, som falder i to dele. Første del diskuterer i brede træk hvordan Danmark – eller det dannede mindretal der udgjorde opinionen – prøvede at navigere mellem de europæiske stater og kulturer efter 1864, og især hvad det var for faktorer der gjorde at man kun med forbehold valgte England som mønster, hvad der ellers syntes nærliggende i betragtning af de tætte økonomiske forbindelser. At Danmark på mange måder tog det engelske liberale samfund til forbillede, er naturligvis ubestrideligt. Mellem 1801 og 1901 afskaffedes således lavs- og købstadsprivilegier til fordel for en liberal markedsøkonomi; indførtes en demokratisk forfatning med parlamentarisme; udvikledes et samfund med grundlæggende frihedsrettigheder, heriblandt en fri presse;

kort sagt, hvor Danmark måske i 1801 kunne siges at have haft en samfundstype der lå tættere på Rusland end på England, var det modsatte klart tilfældet i 1901. Men ved siden af denne principielle anerkendelse af den engelske samfundstypes overlegenhed var der ting man fandt negative, som fx den imperiale rolle, og andre man ikke ønskede at efterligne, såsom bondesamfundets opløsning, industrialismens gabende sociale kløft mellem rig og fattig og kommercialismens dominans. Man ønskede at engelsk civilisation skulle hjælpe Danmark med at modernisere, men ikke så langt at Danmark blev til et samfund af den type man havde for øje på den anden side af Nordsøen – Alexander Foss' vision i 1912 om Danmark som et industrisamfund blev afvist fra alle sider. Danmark ønskede ikke, eller hævdede i det mindste ikke at ønske, den engelske model hverken for moderniseringen af landbruget, forfatningen eller den sociale udvikling. På mange måder var der tale om en parallel til det sidste halve århundredes indflydelse fra USA, hvor man har betonet sin uvilje mod „amerikaniseringen" af samfundet, samtidig med at samlebåndet, forbrugsgoderne og reklamerne blev accepteret som nødvendige komponenter i en livsstil man reelt ikke ville være foruden.

Anden del er mere specifik og kildenær. Her undersøger jeg baggrunden for at engelsk med skolereformen i 1903 gik fra at have været et marginaliseret valgfag til at blive et hovedfag i det danske gymnasium – hvad var argumenterne for at holde det ude, hvorfor indførte man det da man gjorde, og blev det den succes man havde ventet? Denne debat blev i høj grad ført ud fra en pædagogisk ideologi der hævdede at et sprogs praktiske nytte ikke havde noget at gøre med dets plads i skolen – ja, i tilfældet engelsk, der længe blev fradømt kulturel værdi og betragtet som et rent handelssprog, talte det direkte imod at optage det i læseplanen. Da det endelig blev anerkendt som et kultursprog, var det på den klassiske dannelses præmisser: dets litteratur blev nu betragtet som „åndsækvivalent" med græsk og latin. Engelsk var således ligesom dansk nyhumanismens „trojanske hest" i skolesystemet, og de mere moderne og praktiske sider af faget (talefærdighed, amerikansk litteratur) blev nedtonet, hvad der gav faget store problemer med dets identitet.

Dette essay er en udløber af et projekt, jeg har arbejdet på i nogle år; et par prøveballoner er sendt op i forskellige sammenhænge, og det er tanken at projektet skal munde ud i en større afhandling.[6] Jeg er Studier fra Sprog- og Oldtidsforskning meget taknemlig for at have givet mig denne mulighed for at præsentere nogle af mine tanker og ideer i mere udfoldet form. Tilfældigt, men ganske passende, udkommer denne bog i 2003, hundrede år efter den reform der indførte det nysproglige gymnasium – og netop som det politiske system er barslet med endnu en reform. Forhåbentlig kan de følgende sider bidrage til at give debatten historisk perspektiv.

Endelig tak til professor emeritus Vagn Skovgaard-Petersen (Danmarks Pædagogiske Universitet) og professor Minna Skafte Jensen (Syddansk Universitet), som læste manuskriptet igennem og kom med mange forslag til forbedringer.

Småstatsidentitet og modbilleder: Danmark mellem stater og kulturer efter 1864

Det er i de senere år blevet almindeligt at sammenkæde opkomsten af en dansk national identitet med krigene mod "tyskerne" i 1848-49 og 1864 ud fra den udbredte antagelse – der ikke mindst skyldes indflydelsen fra Edward Saids *Orientalism* og Benedict Andersons *Imagined Communities* – at en identitet er et "forestillet fællesskab" der dannes gennem modsætninger, dvs. at man bruger mod- eller fjendebilleder til at definere sig selv. Der var dog mindst to markante svagheder ved teorien om hvordan national identitet dannes gennem et modbillede ("the Other"): for det første kunne dette modbillede skifte (i Danmarks tilfælde fra Sverige over England til Tyskland), for det andet kunne der være tale om flere modbilleder på én gang (som i Danmark efter 1864, hvor der formuleres begrundelser for det danskes afgørende forskellighed fra både det tyske, det franske og det engelske).[7]

Denne socialkonstruktivistiske tolkning blev sat i stedet for den traditionelle "primordialistiske", der hævdede at den nationale identitet, "danskhedsfølelsen", så at sige var medfødt og gik tilbage til de tidligste tider; det mente primordialismen i øvrigt også det dansk-tyske fjendskab gjorde, blot betragtede man anti-tyskheden som afledt af danskheden, ikke omvendt. Men primordialismen var – hævdede omvendt "konstruktivisterne" – jo netop blevet til i tiden omkring de identitetsskabende krige og var herfra gået ind i historievidenskaben, der fik sit folkelige og akademiske gennembrud i denne periode. Trods al senere faglig kritik af opfattelsen, beherskede den længe historiebøgerne: dansk identitet gik i hvert fald tilbage til Gorm den Gamle, og tyskerne havde altid været vores arvefjender.

Den store *Dansk Identitetshistorie* (1992 ff.) rummede udfordringer til begge fortolkninger. I udgiveren Ole Feldbæks autoritative bidrag accepterede han ganske vist den konstruktivistiske tanke, men flyttede tidspunktet tilbage til tiden omkring Indfødsretsloven i 1776: det var udfordringen fra det stærke islæt af tysktalende forfattere og bureaukrater i det bikulturelle danske monarki der havde udløst de første eksplicitte formuleringer af dansk identitet. Dette var ganske vidtrækkende i sine konsekvenser, for det ville placere den danske nationale identitet før den franske revolution, hvor der ellers havde været konsensus om at det netop var reaktionerne på denne i Mellem- og Sydeuropa der havde udløst en national modreaktion.

Samtidig indeholdt værket et bidrag af Harald Ilsøe om tiden før 1700, som i virkeligheden sprængte den konstruktivistiske tese. Ilsøe mente nemlig at kunne eftervise en række eksempler på tidligere dansk nationalfølelse, som i hvert fald helt overvejende var en konsekvens af fjendskabet og de stadige krige med Sverige. Dermed var Ilsøe på linje med forskere som Anthony Smith og Adrian Hastings, som har prøvet at finde en middelvej mellem primordialismens excesser (hvor de første rensdyrjægere ses som tidlige „danskere") og konstruktivismens afvisning af enhver national identitet før 1800.[8]

Også krigene mod Sverige og England bidrog til at formulere en dansk identitet, om end ikke en moderne nationalfølelse. I den tidligste periode involverede denne identitet kun snævre grupper (gejstlighed og adel); først med udviklingen af demokratiet og velfærdsstaten blev det muligt for alle klasser at identificere sig med danskheden.[9] Men centrale identitetsdokumenter som Vedels Saxo-oversættelse og Huitfeldts krønike havde faktisk en ganske bred læserkreds, og appeller til det brede folks danskhed blev, som Ilsøe viser, benyttet under svenskekrigene (med hvilken succes ved vi dog meget lidt om). Den nationale identitet var hverken så inklusiv eller så selvfølgelig som senere; den kunne lettere støde sammen med eller overlejres af andre identiteter.

Hverken før eller efter 1864 blev dansk identitet defineret alene i modsætning til Tyskland. Efter 1864 kan der argumenteres for at Danmark, der fra at have været en sammensat, multinational statsdannelse nu var blevet en ren nationalstat (med genforeningen 1920 som en sidste korrektion), fik sin nye identitet dannet i et krydsfelt af flere stater og kulturer og i kampen for en ny kulturel og politisk orientering. Først og fremmest drejede nyorienteringen sig om at etablere sig i forhold til de tre politiske og kulturelle stormagter – Tyskland, Frankrig og England.

Naturligvis kendte man også andre europæiske lande end disse. Ser vi på tre (tilfældigt udvalgte) litterære værker mellem 1670 og 1870 der har anledning til at nævne en række lande, er det de samme 4-5 der optræder udover de tre store samt de nordiske riger: o. 1670 Spanien, Holland, Polen og Italien i Anders Bordings *Den danske Mercurius*; o. 1770 er Rusland føjet til i Johan Herman Wessels digt „Braadne Kar i alle Lande"; og o. 1845 har Fr. Paludan-Müller i *Adam Homo* de samme lande som Wessel, dog minus Holland.[10] Omkring 1870 havde danskerne af disse andre lande formentlig kun klare og udbredte forestillinger om Italien og Rusland, og ingen af dem udgjorde et reelt alternativ til de tre stormagter, hverken kulturelt eller politisk.

Italien var et yndet rejsemål for både aristokrater, intellektuelle og kunstnere; og en dannet dansker har o. 1870 sikkert haft et ganske prægnant, om ikke nødvendigvis præcist, billede af Italien. Men det var klimaet, folkelivet og de klassiske ruiner der trak; det moderne Italien inspirerede hverken kulturelt eller politisk. Italiensk havde tidligere været del af den ideelle aristokratiske dannelse, og endnu i 1780 undervises der i italiensk ved hofpræst Christianis institut i København. Men som internationalt sprog var det o. 1870 naturligvis forlængst overhalet af fransk.[11]

Danmark havde tætte dynastiske forbindelser med Rusland sidst i 1800-tallet, og adskillige danskere emigrerede dertil og gjorde karriere. Frygten for hvad den uberegnelige kolos kunne finde på, plagede danske udenrigsministre op til 1914. Men der var næppe uden for snævre hof- og adelskredse nogen der så Rusland som et muligt forbillede, og den kulturelle indflydelse var, med undtagelse naturligvis af de store forfattere, temmelig ringe. Hvad skolen angår, blev russisk foreslået som gymnasiefag af sprogforskeren Holger Pedersen i 1916 – for så vidt et interessant vidnesbyrd om de muligheder man så i landet, og som også lå bag forsøgene på at gøre København til omdrejningspunkt for handelen med Rusland. Men ideen blev ikke realiseret før efter 1945.[12]

Alternativerne til England, når det drejede sig om efter 1864 at finde (en eller flere) politiske allierede og (et eller flere) kulturelle forbilleder, var altså tre: Tyskland, Frankrig og national isolation (evt. suppleret med skandinavisme.) Disse tre alternativer skal kort præsenteres før Englandsbilledet præsenteres i detaljer.

Alternativer til England

Tyskland
Vore kulturelle og økonomiske forbindelser havde i århundreder været tættest med Tyskland. Med tysk forholdt det sig i Danmark som med arvesynden, sagde Knud Lyne Rahbek, vi var født dermed. Den danske stat havde langt ind i 1800-tallet været tosproget. Hof- og Statskalenderen blev således trykt på tysk til 1801, dernæst på begge sprog og endelig efter 1845 udelukkende på dansk. Før danske oversættelser forelå, blev engelske og andre udenlandske forfattere ofte læst i tysk oversættelse; adskillige danske forfattere skrev (også) på tysk for at nå et større marked. Hele fagområder var ensidigt påvirkede fra vor sydlige nabo, deriblandt skolen. „Der mangler ikke meget i, at man skal kunne sige, at al vor Pædagogik er tysk", sagde Kirstine Frederiksen således i 1885 (før hun tog til USA for at rette op på dette misforhold).[13]

Denne kulturelle afhængighed, som gik tilbage til reformationen (og let kunne have fået endnu kraftigere konsekvenser for dansk sprog og kultur, hvis ikke latin fortsat havde været det dominerende lærdomssprog[14]), blev fra o. 1750 mødt med bekymring og modstand. Loven om indfødsretten 1776 fastslog at kun de der var født i det danske monarki kunne få offentlige embeder. Som antydet i titlen på Ove Mallings nye læsebog fra 1777, *Store og gode Handlinger udførte af Danske, Norske og Holstenere*, var der dog ikke tale om dansk nationalisme, men om en helstatspatriotisme der på ingen måde udelukkede tysk, så kritikken fortsatte. En anmelder af Laurence Sternes *Tristram Shandy* mente i 1794 at danskerne burde „læse og efterligne (hvis de endelig skal efterligne) det engelske Sprog noget mere", så det danske sprog ikke også fremover skulle fordærves af tysk.[15]

De borgerlige intellektuelle brugte i 1700-tallet kravet om danskhed i opgøret med det aristokrati, der opfattedes som tysksindet selv hvor det ikke var tysk, og hvis tyske del i øvrigt viste sig at have større sympati for progressive projekter som landboreformerne end de dansksindede godsejere.[16] Fra 1830'erne kommer det imidlertid til konflikt mellem den danske og slesvig-holstenske nationalisme; i begge tilfælde er de liberale parat til at ofre det nationale princip for historiske krav. Det danske nationale demokrati etableres i snæver forbindelse med krigen 1848-51, og med 1864 cementeres forestillingen om Tyskland som Danmarks arvefjende – også historisk.[17]

Den danske nationalisme forstærkede kravene om et opgør med den tyske kulturs dominans, og det var noget der kunne samle folk af forskellig politisk observans. Da det nationalliberale hovedorgan *Fædrelandet* i 1845 opfordrede til kamp mod tysk kultur, afviste det radikale *Kjøbenhavnsposten* ganske vist den nationalchauvinisme der lå bag, men tilsluttede sig ønsket om nærmere kontakt med Frankrig og England, da „vor Synskreds hidtil har været formeget indskrænket til Tydskland".[18] En konservativt domineret komité, der samme år afgav betænkning om en reform af latinskolen, indrømmede at det kunne være ønskeligt (men desværre ikke praktisk muligt) at der blev undervist i både engelsk, fransk og tysk, for at „den hidtil alt for ensidige og udelukkende Interesse for den tydske Litteratur kan rettes".[19]

Den kulturelle afhængighed af Tyskland blev nedtonet, og tyske sympatier var ilde set, som fx Karl Gjellerup måtte sande. De forsøg, som bl.a. Georg Brandes, Herman Bang og Marcus Rubin gjorde på at give danskerne en mere afbalanceret og facetteret information om Tyskland mislykkedes. Det kom til en indadvendthed mod det danske og nordiske; til dels vel fordi et klart politisk og kulturelt alternativ ikke tegnede sig ude i Europa.[20]

Sverige og Norden
Ganske vist havde Danmarks (indtil 1814 Danmark-Norges) forhold til Sverige fra 1400-tallet til sidst i 1700-tallet først og fremmest været defineret ved de politiske modsætninger og kampen om at blive Nordens og Østersøens stormagt. Dansk og svensk national identitet blev opbygget gennem de gensidige fjendebilleder, som med et vist held blev søgt formidlet til bredere befolkningsgrupper. Disse billeder udviklede sig fra generelle stereotyper (dvs. gensidig opfattelse af sine egne som tapre og ordholdende, af modstanderne som feje og upålidelige) til mere specifikke (svenskerne som tapre og ærlige, men enfoldige, soldater, danskerne som snu og forslagne købmænd). Der kan dog mellem fjendtlighederne påvises eksempler på en proto-skandinavisme, der beklager konflikterne og hadet og kritiserer den af krone og adel førte politik. De store krige ophører efter 1720, fordi stormagterne gennemtvinger en magtbalance i Østersøen, men erindringen om fjendskabet kan aktiveres endnu omkring 1780 (Ewalds „Kong Kristian" fra 1779, Gustav IIIs og J.H. Kellgrens opera *Gustav Wasa* fra 1786). Napoleonskrigene og Danmarks afståelse af Norge til Sverige 1814 genoplivede fjendebilledet, men o. 1840 kom det til en national udsoning – både i den liberale opposition og mellem de to kongehuse – som gjorde skandinavismen mulig.[21]

Den kulturelle og politiske skandinavisme bundede i flere ting, bl.a. romantisk interesse for Nordens oldtid og fælles borgerligt-liberale interesser, hvor skandinavismen blev et belejligt dække for ellers forbudte politiske aktiviteter. Bevægelsen demonstrerede ganske vist sine politiske begrænsninger i 1848 og særlig i 1864. Men det omfattende praktiske samarbejde (herunder fra 1874 en møntunion, som dengang ikke skulle til folkeafstemning); det sproglige og kulturelle slægtskab, som ikke mindst den grundtvigianske beskæftigelse med nordisk mytologi styrkede interessen for; og den rigtignok overvejende illusoriske fornemmelse af at man sammen stod stærkere mod truslen fra Tyskland og Rusland; alt dette gjorde at det nordiske fællesskab i brede kredse forblev en levende idé. I en situation hvor Danmark ikke længere kunne tænke på en militær afgørelse af mellemværendet med Tyskland, men i stedet gik efter at bygge „et Dannevirke i hver mands bryst", havde kulturel skandinavisme en betydelig politisk effekt.

Over for den nationalliberale og grundtvigske modsætning mellem tysk/europæisk og dansk/nordisk, hvor styrkelse af det ene opfattes som en svækkelse af det andet, stod dog en i dag overvejende glemt konservativ kritik af skandinavismen, som advarede mod de farer man så i den: åndelig indavl, historisk nostalgi og et brud med den europæiske kultur. „Skandinaven er Menneske, før han er Skandinav", som filologen og skolemanden J.N. Madvig udtrykte det i et foredrag i Skandinavisk Selskab i 1844.[22] Skygger fra fortidens fjendskab kunne endnu dukke op i forskellige situationer. Forholdet var især spændt under krisen omkring Norges selvstændighed 1905, hvor frygten for en deling af Danmark mellem Sverige og Tyskland igen dukkede op, og i pressestriden om dansk og svensk national identitet 1911-12.[23]

Frankrig

I 1800-tallet faldt det i Danmarks lod to gange at få fælles fjender med Frankrig – i krigene mod England 1807-14 og Preussen 1864 – og dermed havne på taberens side i europæisk magtpolitik. Det førte til bitterhed mod sejrherrerne, uden at fremkalde nogen entydig sympati for Frankrig, som blev associeret med forskellige, men lige uønskede fremmede tankegange: revolution, katolicisme og frivolitet. Der var allerede i 1790 betænkelighed ved at have fransk på fagplanen i pigeskoler fordi „fransk opfordrer til letfærdighed og overfladiskhed".[24] Madvig fandt at fransk diskvalificerede sig som hovedfag i den danske skole ved sin ufolkelige, katolske og „af Rhetorik gjennemtrængte" litteratur.[25] Henvisninger til fransk som et snobbet modesprog for overklassen dukker gentagne gange op i skoledebatten.

Den franske indflydelse i 1700-tallet havde naturligvis været et bredt europæisk fænomen, som også prægede fx England og Tyskland (hvorfra de franske påvirkninger tit nåede Danmark). Fransk fik i løbet af 1700-tallet status som dannelsens og diplomatiets ubestridte verdenssprog, ligesom det også længe hævdede sig inden for forskellige internationale organisationer som fx postvæsenet og statistikken (den danske statistiske årbog skiftede fra franske til engelske tabeltekster så sent som i 1952). Det var da også disse grunde der normalt blev anført for at forsvare eller styrke fransks position i skolesystemet. Til gengæld var samkvemmet med Frankrig beskedent sammenlignet med England, Tyskland og Sverige. Som et eksempel kan det nævnes at o. 1890 var af den danske internationale telegramtrafik kun godt 2 % med Frankrig – langt efter Tyskland, England, Sverige, Norge og endda Rusland.[26]

Politisk undgik Danmark med nød og næppe at blive involveret i den fransk-tyske krig 1870-71, og efter Frankrigs nederlag kunne man ikke regne med støtte herfra til at genvinde Sønderjylland. Danmark rettede i stedet ind på en forsigtig neutralitetspolitik, hvor det først og fremmest gjaldt om at overbevise Tyskland om at Danmark i tilfælde af krig ikke ville være at finde mellem dets fjender. Hverken Højre eller Venstre havde seriøse tanker om at basere dansk udenrigspolitik på en åben alliance med Storbritannien.[27]

Englandsbilledet i Danmark

I 1865 behandlede folketinget et lovforslag om anlæggelse af en havn i Esbjerg, og det fandt et Venstre-medlem helt rigtigt med henblik på „at hævde vore Handelsinteresser og vor nationale Selvstændighed": ikke kun ville havnen give materielle fordele, Danmark ville også

> komme i en intimere Forbindelse med et Land, hvis Folk er venligt stemt imod vort Folk, er nær beslægtet med os og elsker Friheden ligesom vort Folk, og i det mindste ikke hader os, som man maa sige, at det tyske Folk hader os ...[28]

Dette tema blev imidlertid ikke taget op af andre i debatten, der drejede sig om tekniske detaljer og i øvrigt endte med at forslaget blev henlagt – for så at blive genfremsat og vedtaget i 1868. Og interessen for en „intimere Forbindelse" med de venligtsindede englændere var der måde med; da Henrik Cavling i 1888 vendte hjem fra en rejse til England, var han eneste passager på Esbjerg-båden („et lille fattigt Skib"), og fra havnen op til Esbjerg by gik turen over en pløjemark.[29]

Mange nye ideer og bevægelser kom dog hertil fra England, og på flere områder stod det som det ubestridte eksempel til efterfølgelse. Ved Københavns Universitet var de første generationer af professorer i nationaløkonomi ubetingede tilhængere af en ren manchesterliberalisme.[30] Danske liberale brugte flittigt England som argument i kampen for en mere liberal økonomi og forfatning, og landet blev betragtet med respekt for dets materielle rigdom og dets rolige politiske udvikling; ikke blot havde England, i modsætning til Frankrig, undgået revolutioner og åben klassekamp, men dets politiske system rummede også passende konservative garantier mod demokratiske excesser. O. 1900 kom spejderbevægelsen og en række sportsgrene, samt nye kulturelle fænomener som *garden parties* og *five o'clock tea* til Danmark, og snobberiet for Frankrig blev afløst af snobberi for England. Ikke mindst blev Storbritannien efter 1890 Danmarks bedste kunde, som på toppen aftog 2/3 af vores samlede eksport.[31]

Men samtidig var der, som diskuteret i indledningen, en fundamental ambivalens. Igen og igen viste det sig at anskuet på nærmere hold var de formodede engelske forbilleder ikke slet så tiltalende eller anvendelige i dansk sammenhæng som man havde haft indtryk af på afstand. Det var ikke den engelske forfatning der blev forbilledet for den danske; den specialiserede landbrugseksport skulle forhindre indførelsen af et gennemindustrialiseret samfund i Danmark; og der var både før, under og efter Boerkrigen betydelig modvilje mod det britiske imperium. Den grundlæggende tanke var at det England var i dag, kunne man alt efter indstilling håbe eller frygte at Danmark ville blive i morgen. På mange måder lignede Englands funktion i den danske debat den som USA har haft efter 1945: man udvalgte og fokuserede på de ideer og institutioner man kunne bruge til støtte for sine egne synspunkter. Det betød at debattørerne kunne lægge vægt på forskellige ting eller bedømme de samme ting forskelligt – henholdsvis som forbillede og skræmmebillede – samt naturligvis ændre synspunkt over tid.[32]

Med England (et udtryk der som regel blev anvendt, også hvor man rettelig burde have talt om Storbritannien eller Det forenede Kongerige),[33] havde der naturligvis været kulturelle og politisk-dynastiske forbindelser helt tilbage til vikingetiden. I nærværende sammenhæng ligger det relevante skel dog nok sidst i 1600-tallet, symboliseret ved alliance- og handelstraktaten af 16. juli 1670.[34] Genopbygningen efter

Londons brand 1666 førte til en massiv norsk tømmereksport. De norsk-engelske kontakter var i det hele taget tættere end de dansk-engelske, jvf. at oversættelsen af Adam Smith – der udkom i 1779, dvs. tre år efter originalen – reelt blev finansieret af norske subskribenter.[35] Der var også flere nordmænd end danskere som fanger i „prisonen" under Englandskrigene, og den kulturelle tilbagevirkning på Norge var større.[36] Det var næppe tilfældigt at Wessel skosede sine landsmænd for at tro „at der fødes Mennesker / kun i Engelland og her".[37]

Kendskabet til engelsk sprog var længe særdeles beskedent, selv om de første lærebøger og grammatikker dukker op netop i 1670'erne.[38] Fra denne tid har vi også som et kuriosum et digt på engelsk, skrevet i anledning af Christian 5.s salving 1671 af Henrik Gerner, der som flere af tidens teologer havde studeret i England og i øvrigt også skrev en kort engelsk udtalelære.[39] Fra 1700-tallet kom der påvirkning fra den engelske borgerlige kultur, bl.a. Spectator-litteraturen.[40] Den industrielle revolution vakte stor interesse og førte til en hel del industrispionage.[41] Men relativt få danskere tog på studie- eller dannelsesrejse til Storbritannien.[42]

Danmark indgik i løbet af 1700-tallet vekslende politiske alliancer, snart med Frankrig, snart med England. Man sørgede dog for at holde sig neutral i de store søkrige, og det var den efter briternes mening lovlig kreative fortolkning af denne neutralitet der gjorde forholdet til Storbritannien anspændt, kulminerende i Englandskrigene 1801 og 1807-14.[43]

At der efter 1814 var udbredt bitterhed mod England, findes der en hel del vidnesbyrd om. Advarsler mod „i Lidenskabens Hede at bande og skjælde et helt Folk" antyder jo i sig selv stemningen.[44] Historikeren E.C. Werlauff fortæller i sine erindringer at det kunne være farligt bare at tale sproget; amerikanske søfolk blev overfaldet i København af en folkemængde, der tog dem for briter. „Engelskmanden – den forbandede tyv" var en almindelig talemåde i midten af århundredet, og Oscar Wildes moder kunne under sit besøg i København i 1884 konstatere at Nelson og Wellington endnu blev omfattet med had.[45]

Endnu efter 1864 huskede man altså 1807, sikkert også på grund af hvad man opfattede som britisk svigten og passivitet i opgørene med Tyskland. Efterhånden blegnede dog mindet om det engelske overfald. Den konservative skribent Johannes Østrup, der var docent i semitisk filologi ved universitetet, bebrejdede i 1907 danskerne at de havde en så kort historisk hukommelse at de „allerede forlængst saa fuldstændig har tilgivet og glemt Bombardementet paa København og Flaadens Rov i 1807". Østrups pointe var at 1807 og 1864 netop var fuldt sammenlignelige begivenheder, som burde vurderes med samme politiske kølighed for at drage den rette lære af dem – hvad danskerne altså efter hans mening ikke gjorde.[46]

Mens den konservative Østrup prøvede at stille sig neutralt mellem England og Tyskland og plædere for en politisk tilnærmelse til Tyskland sammen med en kulturel tilnærmelse til England,[47] var flere radikale parat til at se 1864 som et mindre onde end 1807 og drage de politiske konsekvenser. Økonomen Marcus Rubin kritiserede således i en anmeldelse i 1906 at den recenserede bog var gennemsyret af den tanke at, med Johannes Ewalds udtryk, „al vor fortræd er tysk":

Dette er, efter min Mening, ganske uholdbar Historie ... Danmarks største Tab var Sundprovinserne, som nu er Sverigs rigeste og folketætteste Landsdele ... [og] Danmarks største Ydmygelse var 1807, da Englænderne midt i Fredens Tid brændte dens Hovedstad og røvede dets Flaade, uden at vi da eller senere fik nogen Art af Oprejsning ... i vor Tid var det os, der stolede på Sverig – og paa England –, men gjorde Regning uden Vært.[48]

Lignende synspunkter kan så sent som i 1939 findes hos historikeren Erik Arup, som i en (uafsendt) kronik fremførte den samme kritik af Englands svigten og upålidelighed over for Danmark. Han opfordrede danskerne til at anerkende det legitime i et Europas forenede Stater under tysk hegemoni; England burde „som det internationale imperium, det er" skydes ud af Europa og (bogstaveligt) sejle sin egen sø. Selv om Arup understregede at nazisternes diktatur måtte betragtes med afsky, er det klart at synspunkter som disse måtte forekomme uforståelige efter 1945. Men sådanne erindringer om de danske erfaringer med „perfidious Albion" har altså været levende blandt radikale realpolitikere som fx Scavenius, hvem Arup i øvrigt roste for under 1. verdenskrig at have ført „en i det hele tyskvenlig udenrigspolitik paa trods af hele det danske folks tyskfjendtlige indstilling".[49]

Logisk set burde danskerne måske hade tyskerne efter 1864 og i stedet knytte sig til briterne. Men som anført var det nødvendigt for Danmark ikke at provokere Tyskland politisk, et synspunkt som briterne anerkendte trods lejlighedsvis irritation, især efter at de o. 1900 opgav tanken om ved et krigsudbrud at lancere en flådeoffensiv gennem Sundet og Bælterne. Ligesom i 1930'erne erkendte de at de i tilfælde af et tysk angreb ikke ville kunne komme Danmark til hjælp. Danskerne måtte nøjes med at vise uforpligtende sympati over for briterne, fx ved besøg af britiske kongelige, politikere eller flådeeskadrer.[50]

Sympatien blev dog længe dæmpet af den stormagtsadfærd briterne udviste. Under Boerkrigen 1899-1902 var der i Danmark, som i andre europæiske lande, en betydelig sympati for boerne. Krigen forekom mange en bekræftelse på at briterne var en stormagt af samme skuffe som Tyskland og Rusland, og at deres fremfærd i Irland, Indien, Egypten og nu Sydafrika ikke adskilte sig væsentlig fra hvad der foregik i Polen, Alsace eller Sønderjylland. Boernes frihedssang blev sunget på danske højskoler, og stemningen i det hele taget udviklede sig – næppe upåvirket af de tyske informationskilder – i anti-engelsk retning.[51] På den anden side er det også omkring århundredskiftet at den politiske reaktion på kontinentet (især Rusland og Tyskland, men også fx Dreyfus-affæren i Frankrig) får Storbritannien til at fremstå som et mere liberalt og demokratisk forbillede; hertil bidrog også de britiske liberales sociale og politiske reformer efter 1906.[52]

Derimod ser det ud til at den stigende eksport af korn, kvæg og senere æg, smør og bacon udrettede overraskende lidt mht. dansk viden om, interesse i og kulturel kontakt med England. Trods en række forsøg på at overbevise danskerne om at engelsk var et kultursprog, fra Charles Bertrams *The English Tongue Defended, and the Several Calumnies Raised Against it Defeated* (1749) til Otto Jespersens indsats halvandet århundrede senere,[53] forblev man overbevist om at engelsk var et mindre raffineret sprog end tysk og fransk, og desuden grimt.[54]

Naturligvis var man opmærksom på den stigende globale betydning engelsk havde som handelssprog. Det var derfor et problem for Oehlenschläger da han efter sin konfirmation „skulde være Kiøbmand, uden Penge, uden at vide et Ord engelsk" (fordi han indtil da havde fulgt den „studerende" undervisning i Efterslægtselskabets skole).[55] Den senere boghandler Otto Wroblewski var lidt heldigere; også han blev taget ud af skolen da han skulle i lære, men nåede da i 1842-43 at følge et års (ganske vist mådelig) engelskundervisning i øverste handelsklasse i Borgerdydskolen på Christianshavn.[56]

Engelsk var dog faktisk på dette tidspunkt ikke ubetinget nødvendigt, selv hvis man handlede med Storbritannien. Den københavnske grosserer Luis Bramsen fik ganske vist god brug for sit engelske da han kom til Storbritannien, men i det handelshus han arbejdede for herhjemme, kunne „al Correspondance med England og Amerika ogsaa ... besørges paa Tydsk".[57] Mere overraskende er det måske at dansk også kunne bruges. I den tidlige fase synes det ikke at have været usædvanligt at købmænd der handlede på Danmark, lærte sig sproget. Forfatteren af *En Opiumsdrankers Bekendelser*, Thomas De Quincey, der selv kunne noget dansk (måske fra sin bror, der under Englandskrigene havde været fange i Viborg et års tid), vurderede i 1827 at det var der i England næppe tyve mennesker der kunne, „merchants excepted", som han sigende tilføjede.[58] I 1849 kom en engelsk kreaturopkøber ved navn Hicks til Jylland for at etablere forretningsforbindelser her, „til hvilket Øiemeds Opnaaelse han havde erhvervet sig Færdighed i Landets Sprog".[59] Og selv efter 1890, hvor man skulle tro at engelsk ville være det naturlige kommunikationssprog inden for den dansk-britiske samhandel, havde adskillige af importvirksomhederne i Storbritannien (nogle af dem danskejede) danske medarbejdere – ligesom de i øvrigt havde engelske ansatte der kunne dansk, men hvis nationalitet afsløres ved at de ikke brugte gotisk skrift. Der synes altså ikke for eksportørerne, endsige producenterne, at have været noget massivt krav om at lære engelsk. Flere iagttagere noterede sig at landbrugseksporten stort set passede sig selv og at bønderne ikke behøvede interessere sig for det land de solgte til.[60]

Anderledes var det selvfølgelig hvis man ville gøre karriere i Storbritannien, som ikke så få danskere gjorde omkring århundredskiftet. I 1901 var der ifølge den britiske statistik 3655 danskere bosat i England, og man begyndte at bekymre sig om deres høje arbejdsløshed, især i London. De fleste af de danske erhvervsfolk man har nærmere oplysninger om – og det er naturligvis kun et mindretal af de udvandrede – havde taget realeksamen herhjemme og lærte så det eller de nødvendige sprog på stedet. Således rejste F.M. Krøyer Kielberg (f. 1882), der efter realeksamen havde læst på Niels Brock, „som de fleste unge danske Forretningsmænd ... Europa igennem, blev et Aar her, et Aar der, bl.a. i Tyskland, og lærte Sprogene".[61]

Men jo mere engelsk blev associeret med handel og forretning, jo sværere fik det ved at slå igennem som kultursprog. Forestillingen om England som en kræmmernation, „a nation of shopkeepers", var udbredt på kontinentet. Det interessante ved Danmark var at denne forestilling her forenede folk med ellers meget forskellige synspunkter.

Heiberg og Grundtvig

I 1834 blev Johan Ludvig Heiberg indviklet i en polemik omkring et obskurt teaterstykke han havde oversat.[62] Han var blevet afkrævet en forklaring på de betydelige ændringer han havde foretaget i tyskeren Tøpfers „Brødrene Foster" (der selv viste sig at være en bearbejdelse af et ældre engelsk stykke). Det havde imidlertid været nødvendigt at ændre, forklarede Heiberg, for Europas nationer havde hver deres særpræg og reagerede ikke ens; således

> synes Tydskland at repræsentere den lærde Stand, Spanien Geistligheden, og Frankrig Krigsstanden. Hos Tydskerne hersker Videnskaben, hos Spanierne Religionen, hos de Franske Æren, alle tre lutter ideale Principer, skjøndt af forskellig Art. Men derimod hos Englænderne og hos Italienerne mangler denne Idealitet; hos hine har den veget Pladsen for det Reelle og Nyttige, hos disse for

Ingenting; hine repræsentere Kjøbmandsstanden, disse Lediggængerne; hos Englænderne hersker derfor den største Travlhed, hos Italienerne *il divino far niente* [dvs. den guddommelige lediggang].

Nu gjaldt det for de mindre nationer og stater at de knyttede sig mere eller mindre tæt til de store. Derfor kunne Tøpfers version være god nok i Hamborg, men i København duede den ikke. „Hamborg tager helst Engelland til sit Mønster, og forholder sig dertil, som en Detailhandler til en Grosserer", docerede Heiberg, og deres teaterpublikum „er vant til at leve ligesaa meget i Penge-Interesser, Vexelcourser, Skibsfragter, Havarier og Dispacher som vi i Tankens og Ideens Verden". København var vel derimod af alle europæiske byer den hvor „Sandsen for det Reelle, og dermed for det Nyttige, det Industrielle, ja selv det i det daglige Liv Behagelige" var svagest udviklet. Han glædede sig nu ganske vist til at disse „næsten latterlige" mangler blev afhjulpet, men dog endnu mere over at det ikke ville ske på de højere fordringers bekostning:

> ... thi i Danmark er ikke Kræmmer-Aanden den herskende; den engelske Characteer er os upaatvivlelig den uforedrageligste og meest antipathiske; vi sympathisere langt bedre med de Nationer, som ledes af ideale Principer. Det er følgelig rimeligt, at vi ikke i den Grad som et Kjøbmandsfolk kunne interessere os for Skildringer af den timelige Velfærds lykkelige og sørgelige Omvexlinger; paa de mercantile Interesser kunne vi ikke lægge den Vægt, som enten paa de moralske eller politiske eller litterære; et Handelshuus, der gaaer Fallit, kan ikke i den Grad bevæge os, som en Stat, der opløses; en Kjøbmand, der fortvivler over at han ikke kan betale sine Vexler, er ikke for

os det Samme som en Helt, der bukker under i Kampen for en Idee.

Dette ligger påfaldende tæt på Grundtvigs fundamentale ambivalens over for det britiske samfund. Begge mener at Danmark skal reformeres og moderniseres, men det skal ske på danske betingelser så man ikke ender i de excesser som det britiske samfund stod for. (Og til en vis grad allerede det amerikanske; Heiberg stikker til USA i *En Sjæl efter Døden* som det land „hvor man paa Friheds Jordbund triner / og ordner alt med Dampmaskiner", og Grundtvig bruger betegnelsen „Kræmmer-Amerikansk" om et liberalt kapitalistisk demokrati). Forskellen er at hvor det danske monarki er et gods der drives til almenvellets bedste, er demokratierne som fabrikker der udelukkende drives for aktionærernes profit, mens arbejdskraften udnyttes og kasseres når den er udslidt.[63]

I „Mands Minde", en række historiske forelæsninger som Grundtvig holdt i 1838, er der en tydelig spænding mellem accept af kraften og dynamikken i det britiske samfund på den ene side, og afvisning af kapitalismens og industrialismens konsekvenser på den anden:

... selv i England, hvis virkelige Borgerfrihed i Hus, i Kirke, i Skole og i Næringsdrift jeg af mit inderste Hjærte ønsker hele Verden, endsige da mit Fæderneland ... [er ikke] Folke-Lykken at ligne ved Danmarks ... [England er] et Land, hvor hvert syvende Menneske er Tigger, og hvor da sikkert de fem Syvendedele er fattige ... [Så] skjønt der er intet Land i Verden, næst Danmark, jeg nødigere vilde spaa ilde end England ... ser jeg dog ikke, hvorledes det endnu en Menneske-Alder uden et stort Mirakel kan undgaa en Revolution, der, efter Engelskmændenes egen

Anelse, vilde skabe „et Ocean af Blod", medens jeg derimod dristig tør spaa Danmark en borgerlig Reformation efter Folkets Hjærte ... Hvad her i mine Øjne nærmest gjør Udslaget, er, at England har opofret sin Bondestand, medens Danmark har adlet sin".⁶⁴

Grundtvig fandt det som bekendt ubilligt at man kritiserede ham for at udtrykke sig uklart, og teksten her er da også åben for flere fortolkninger.⁶⁵ Men det er dog mest nærliggende at læse ham sådan at Danmark, fordi det modsat England stadig er et bondesamfund, kan udvikle borgerfrihed og folkeånd uden de ulykkelige konsekvenser man ser hos briterne. Danmark kan få det søde uden at skulle tage det sure med.

Det bekræftes et andet sted i *Mands Minde*, hvor Grundtvig efter at have set den første danske dampmaskine indrømmer at nære en vis gru ved maskiner som gør mennesker

> til lutter Biting, lutter Appendixer til Maskineriet som Hovedsag og Grundkraft; saa selv de Engelskmænd, der give sig Stunder til at tænke paa andet end at gjøre alt hvad de har i Penge, ser med hemmelig Gru paa enhver ny Opfindelse og kolossalsk Anvendelse af de mekaniske Grundkræfter, som efterhaanden fortrænge alle de gamle Haandværkere og gjøre dem til blotte Redskaber i Maskin-Mesterens Haand, tankeløse Trælle i Fabrikherrens Gaard ... [Grundtvig nødes nu ganske vist] til at beundre den Kæmpe-Aand, der selv i Ørken kan skabe et Paradis, gjøre selv Matematikken, i sig selv den dødeste og tommeste af alle vore Kundskaber, til en mageløs Spore for levende Virksomhed ... [Men han beklager] at den engelske Virksomhed stedse mere gaar ud paa, hvad man kalder en ren Gevinst, uden at bryde sig om Midlerne, trælier for Øjeblikket, uden at tænke paa Fremtiden ...

På den ene side er det altså nødvendigt at folkeånden gør „Kæmpe-Skridt" og udretter „Storværker", for om end disse var lutter fejltrin og vovestykker, saa er livet bedre end døden og „Kraften usigelig mere værd end Afmagten". På den anden side håbede Grundtvig at England snart ville indse at det var

> paa gale Veje, ved at ofre Mennesker i Hundredtusend-Tal til Maskineriet og ved at opløse sine Aands-Kræfter i aritmetiske Størrelser og matematiske Beregninger; og da vil den samme Kæmpe-Aand, som har skabt Maskinerne, ogsaa forstaa enten at tilintetgjøre dem eller at sætte dem i et tjenligt og tjenerligt Forhold til Menneske-Virksomhed og Menneske-Held.

Hvordan man nu end vil fortolke Grundtvig, er det klart at bønderne og grundtvigianerne i praksis valgte en særlig „dansk vej" som ikke tog England til forbillede, så lidt som landboreformerne havde gjort det. Holger Begtrup, der o. 1910 søgte at åbne det han kaldte „vinduet mod vest", undrede sig over så lidt højskolen interesserede sig for England (og USA, som jo hundredetusinder af danskere var udvandret til). Der kom en enkelt indsigelse fra en anden højskolemand, men i alt væsentligt havde Begtrup sikkert ret, og han havde da heller ikke selv videre held med at få etableret vestvendte kontakter.[66]

Også Vilhelm Beck, Indre Missions leder og Grundtvigs store kirkelige modstander, var parat til at glemme den hjemlige strid når det gjaldt om at afvise engelsk og amerikansk indflydelse:

> ... danskerne har længe nok levet af udenlandsk kristendom ... (men) med den grundtvigske bevægelse og Indre

Missions arbejde har kristendommen i Danmark nået modenhedsalderen og træder frem i danske klæder ... vi gør bedst i at lade udland være udland og sige disse udlændinge, som stadig overrender os med deres simple eller halvsimple tale: I må hellere blive hjemme, til vi sender bud efter jer.[67]

I øvrigt var fremmed teologi ikke det eneste danske kirkefolk skulle tage sig i agt for. Den senere grundlægger af KFUM, Olfert Ricard, blev før en Englandsrejse i 1900 advaret mod „den engelske syge" (dvs. den praktisk-kirkelige retning) og lovede ikke at lade sig smitte, heller ikke i verdslig henseende, „saa jeg herefter lader mine Bukser sy i London og spiser Marmelade om Morgenen".[68]

Georg Brandes

Kendskabet til engelsk litteratur øgedes efterhånden gennem oversættelser, men det forblev længe almindeligt at læse engelsk litteratur på tysk.[69] Tyskland var langt mere om sig hvor det gjaldt kultureksport (og for den sags skyld kulturimport), noget som briterne måtte sande da de under 1. verdenskrig bejlede til de neutrale skandinaviske lande og blev overrasket over den tyske kulturelle dominans.[70] Der var naturligvis intellektuelle, politikere o.l. der lærte sig engelsk – eksempler er Kamma Rahbek, H.C. Ørsted, J.F. Schouw og Georg Brandes – men kun få etablerede en tæt kontakt.[71]

Netop Georg Brandes er symptomatisk for hvordan selv en europæisk orienteret radikal havde noget af et blindt punkt hvor det gjaldt England. Det skal selvfølgelig ikke overses at han viede et bind af sine *Hovedstrømninger* til „Naturalismen i England" og senere skrev en stor Shakespeare-biografi. John Stuart Mill forblev en af hans store inspirationskilder; han sammenligner ham med et åndeligt lokomotiv og hans bøger som jernbaneskinner der, simple og upyntede, fører frem til målet.[72] Men omvendt kunne han ved sit første London-besøg i 1870 ikke et ord engelsk, så samtalen med Mill foregik på fransk. Selv da han senere lærer engelsk, er hans udtale – som godt nok de fleste danskeres på denne tid – „quite dreadful", så at de der i 1895 hørte ham holde en engelsk tale, hvor han forsikrede sit publikum at han skam læste sproget „med stor Lethed", kunne tilgives en vis skepsis.[73]

Det er Berlin og Tyskland, Brandes analyserer for danskerne, ikke London og England. Hans kendskab til engelsk litteratur var, sammenlignet med tysk og fransk, temmelig usystematisk; han diskuterer således aldrig engelske romaner. Og det var, som Johannes Østrup sagde, „en Undladelse, der er lige saa godt som et helt Program, naar Forfatteren af „Hovedstrømninger" ikke behandler, ja, knap nok nævner Carlyle". Heller ikke Ruskin var han videre fortrolig med.[74]

På den anden side er det også tydeligt, at hvor han indtil ca. 1900 ikke havde megen sympati for britisk liberalisme og dens forestilling om – som han selv formulerer det – at alt et land har brug for, er parlamentarisme og frihandel, så presses også han efter århundredskiftet af den kontinentale politiske reaktion og den skærpede nationale undertrykkelse i Sønderjylland i retning af større sympati for England. I 1905 foreslår han endda at Danmark skal overveje nærmest at blive et britisk *dominion*, hvad der fører til rasende reaktioner.[75]

Omkring Boerkrigen
I det hele taget fremkaldte den intense debat omkring århundredskiftet ikke kun sympatitilkendegivelser for boerne, men også udtryk for en stærk pro-britisk opinion. I 1900 trykte Politiken således seks store artikler, hvor den nationaløkonomiske professor N.C. Frederiksen trådte i brechen

for den britisk-amerikanske samfundsmodel.[76] Frederiksen havde selv været forretningsmand – ganske vist med behersket succes – og havde tilbragt længere tid i Amerika. Han var, som alle tidens økonomiprofessorer, en ubetinget forsvarer af den frihandel og kapitalisme som Storbritannien og USA repræsenterede, og en uforsonlig modstander af den politiske reaktion på kontinentet. Englænderne ønskede kun andre lande „det mest mulige af Fremskridt og Folkelykke"; men fjendskabet mod dem kunne ikke overraske dem der kendte de tyske junkere, de russiske nationalister og „de Klerikale i alle Lande", men dog især i Frankrig hvor Dreyfusaffæren havde afsløret et slambad af reaktion:

> Man misunder Englænderne deres Fremskridt og Rigdom. Man har et instinktmæssigt Had til den engelske Frihed ... Boererne bliver populære Helte og vækker disse Folks Entusiasme, fordi de kæmper mod de ... altfor rige og mægtige Englændere ... Naar mange, selv hos os i Danmark, ikke kan lide den engelske og amerikanske Samfundsopfattelse, er det til Dels fordi det er et Led af vor tyske Dannelse ... [Men ikke engang liberale og radikale] har tilbørlig Smag for engelsk Liv og Væsen. (22. januar)

England ville sejre, sagde Frederiksen, fordi civilisationen måtte besejre barbariet for at skabe fred og retfærdighed. Den anti-engelske stemning havde afsløret „en utrolig Samling af Fordomme, Uvidenhed og slette Lidenskaber", men en „Tilintetgørelse af Englands Magt vilde være til grænseløs Ulykke ogsaa for Verdens aandelige Goder" (23. januar). Det var helt urigtigt at England stræbte efter land; man kunne snarere „bebrejde det, at det ikke har gjort det ganske anderledes systematisk". (18. juni). Men det var i virkeligheden heller ikke det der havde skabt fjendtligheden:

Hele den Maade, hvorpaa man tænker, og hvorpaa man behandler Sagerne i England, vækker Anstød og Uvilje. Det er med den dybeste Forbavselse, at man ser, hvordan Englænderne behandler Krigen og Hæren, at deres Ministre i Parlamentet taler om, at denne maa indrettes efter sunde „Businessprinciper", at Krigen maa føres og Forholdene i Afrika ordnes, som det kræves af en forstandig „business". Overfor dette staar Franskmændene aldeles uforstaaende.

Det gjaldt givetvis også mange danskere. Men Frederiksen fik tilslutning fra en måske uventet side. Forfatteren Sophus Schandorph takkede i „England som Mønster" (*Politiken*, 27. juni 1900) for artiklerne, som han havde læst med glæde. Mange havde bøjet hovedet og var endt „i en spidsborgerlig Moderation eller ogsaa i den rene, raa Reaktion". Problemet var at danskerne, da de skulle have en forfatning, skelede mere til Frankrig end til England, og det var en fejl:

Frankrig har altid staaet os fjærnt, og kun i kunstnerisk og literær Retning har det haft Indflydelse paa vor Udvikling. Politisk har det selv aldrig kunnet fæste Ro, thi det har altid hængt og hænger endnu den Dag i Dag fat i Regereriet ... Og i vor Administration, lige fra vort Skolevæsen til vort administrerende og ekspederende Kontorvæsen og vort Militærvæsen, har vi fra Absolutismens Tid stadig taget Mønster fra Tyskland ... Vi mærker i vor Udvikling ikke til nogen synderlig Indflydelse fra England.

Schandorph havde svært ved at dele Frederiksens optimisme. Ham forekom det som om „Reaktion og Obskurantisme" gik frem med kæmpeskridt; de moralske normer var i skred „i de højeste Samfundskrese i 'Regerelandene'". Også i Danmark syntes alt forsumpet. Men:

> Gid jeg maa faa Uret! Gid det maa blæse op til frisk Vejr over det ganske Evropa! Jeg er ikke utilbøjelig til at tro, at det vil blive fra England, at det vil blæse op. For Øjeblikket er England Frihedens eneste Bolværk.

Omkring 1. verdenskrig

Forretningsfolk, ingeniører etc. var formentlig de grupper hvor flest havde kontakt med England og englændere. Men importen knyttede tættere kontakter end eksporten, og importen kom i overvejende og endda stigende grad fra Tyskland; som den britiske ambassadør resigneret bemærkede, havde danskerne fundet ud af at tyske industriprodukter var „cheap, but not necessarily bad".[77] Den radikale forsvarsminister P. Munch opridsede i 1913 en situation hvor Tyskland, trods det sønderjyske spørgsmål og dansk frygt for angreb, helt udkonkurrerede England (og alle andre) når det gjaldt personlige og kulturelle kontakter:

> Vor Handelsomsætning med Tyskland nærmer sig vor Omsætning med England, og ... fremkalder en langt større personlig Samvirken mellem danske og tyske Forretningsfolk end ... mellem danske og engelske. Vor Industriverden søger langt mere sit Forbillede i Tysklands fremadstræbende paa organiseret Undervisning byggende Industri end i Englands gamle Industri, der bygger paa Traditioner, som ikke let efterlignes udenfor de britiske Øer. Tyske Turister strømmer i voksende Skarer ind over vort Land, og de kommer langt lettere i Forbindelse med Befolkningen end Englændere og Amerikanere ... Selv vor Videnskab præges saa stærkt af Paavirkningen fra de ty-

ske Universiteter, at man undertiden maa spørge sig selv, om man ikke ved Universitetet er en lille Smule tilbøjelig til at lukke det Vindue mod Vest, som Holger Begtrup saa ivrig anbefaler Folkehøjskolen at aabne ...[78]

Under 1. verdenskrig vogtede Danmark sin neutralitet og undgik især at provokere Tyskland; men hvor det gik an, kan man se engelske sympatier vinde frem. Inden for Københavns kommunes fortsættelsesundervisning fik engelsk, der indtil 1914 havde været (marginalt) mindre populært end tysk, nu tordnende fremgang. På universitetet var der en vis balance mellem engelsk og tysk; engelsk var et større hovedfag, tysk et større bifag, hvad der rimeligvis skyldtes studieordningen nok så meget som nationale sympatier.[79] Omkring 1930 blev der gjort en energisk indsats for at gøre danskerne mere interesserede i Storbritannien og især landets varer, som danskerne jo indtil da i vidt omfang havde ignoreret til fordel for tyske produkter. Det var også i 1928 at British Import Union lancerede bladet *Anglo-Dania* for at „introducere Englænderne i Danmark, gøre dem og deres Land bekendt ude i de bredeste Kredse af den danske Befolkning".[80]

Men det afgørende skred skete med nazismens magtovertagelse i Tyskland. De danske økonomiske og kulturelle kontakter med Tyskland blev ganske vist langt fra afbrudt, selv om man senere foretrak at huske det sådan; men fx blev den danske arbejderbevægelse tvunget til at opgive sin ensidigt tyske orientering og overveje en tættere kontakt med briterne – selv om England, trods de snævre økonomiske relationer, stod det danske folk og især arbejderne fjernt. Og på samme tid begyndte den anglo-amerikanske kulturindflydelse for alvor at slå igennem.[81]

England i danske aviser o. 1900
Noget af det første forfatteren Henry Rider Haggard skrev ned i sin notesbog, da han i 1910 gik i land i Esbjerg for at studere den danske andelsbevægelse, var at der i Danmark udkom ca. 250 aviser. Han konkluderede heraf at det danske folk, som ved første øjekast havde mindet ham om det engelske, måtte være bedre oplyst.[82] Faktisk var i 1913 „vor bestand af selvstændige, daglige all-round aviser ... nok den højeste i verden".[83] Der udkom dette år 261 dagblade – Rider Haggards tal var altså temmelig præcist – med et samlet oplag på 784.000 eksemplarer. Det betød at hver dansk husstand i gennemsnit holdt eller købte 1.1 avis. Især i provinsbyerne og København (hvor frekvensen var oppe på 1.55) blev aviserne for den overvejende nytilflyttede befolkning en vigtig nyhedskilde, som kunne udnyttes takket være fremgangen i læsefærdighed og den gradvist voksende fritid.[84]

Hovedparten af nyhedsstoffet havde naturligvis lokalt eller højst nationalt sigte, hvad enten avisen udkom i København eller en mindre provinsby. Udlandsstoffet fik dog en ikke ubetydelig plads. Særlig tæt dækning fik Tyskland – trods al nationalt fjendskab var det stadig herfra, danskerne direkte og indirekte fik det meste af deres viden – og USA, hvis ekspanderende befolkning efterhånden kom til at tælle en kvart million danskfødte. Frankrig havde stor indflydelse på elitens kultur og smag, men politisk blev landet mindre interessant i takt med dets stigende svaghed over for Tyskland, og den direkte kontakt med landet var mindre end med andre lande.

Op til og omkring århundredskiftet steg pressens interesse for britiske forhold af flere grunde. De tætte økonomiske forbindelser betød at den britiske samfundsudvikling og politik blev direkte relevant for Danmark: fænomener som havnestrejker og toldbeskyttelse kunne true den danske landbrugseksport. At den danske prinsesse Alexandra blev gift med tronfølgeren Edward VII i 1863 og blev dronning i 1901, kan også have spillet en rolle for pressens dækning.[85]

Hvor fik aviserne fik deres stof fra? Faste udlandskorrespondenter i nutidens forstand dukker først op i mellemkrigstiden. En vigtig nyhedskilde var telegrammerne, især efter oprettelsen af Ritzaus Bureau i 1891. Ritzau og dermed aviserne var dog afhængig af den globale telegramtrafik, og her havde de tre store bureauer – Wolffs i Tyskland, det franske Havas og det britiske Reuters – delt verden op imellem sig i en kartelaftale. Den betød at Wolffs, som blev anset for „halvofficielt" på grund af de tætte kontakter til det tyske udenrigsministerium og kejseren, i princippet havde monopol på telegrafiske nyheder i hele Skandinavien: telegrammer fra Reuters skulle således gå gennem Wolffs. Selv om dette bureau i følge aftalen skulle videreekspedere også de telegrammer, som de ikke selv ville benytte i Tyskland, var de under mistanke for i praksis at sortere stoffet.[86]

Dette afhængighedsforhold bekymrede danske politikere og pressefolk meget, men det er uklart hvilken reel betydning det fik for nyhedsformidlingen fra de britiske øer og imperiet. Store dele af især Politikens stof var således nok (delvist) baseret på telegrammer gennem Wolffs og Ritzau, men dels forekom der også hvad bladet hævdede var „specialtelegrammer", dels blev de større, ræsonnerende artikler skrevet på basis af britiske aviser, som kartelaftalen naturligvis ikke kunne forbyde brugen af. For så vidt der fx i Politiken kan noteres en tendens i retning af en kritisk holdning over for „krigspartiet" i britisk udenrigspolitik og imperialisme, må denne snarere tilskrives synspunkterne hos bladets hovedmedarbejder på dette område, Niels Petersen, end den selektion der måtte være sket gennem det tyske telegrambureau. Flere så derimod et problem i den generelle sensationslyst, som fik „de letsindige Telegrambureauer" til fx at spå nyvalg ved hver mindre politisk krise.[87]

Englandsdækningen varierede stærkt: den var tæt i perioder med turbulens i britisk politik, som under debatterne om Home Rule for Irland 1886 og 1892-93, ligesom dronning Victorias regeringsjubilæum 1897, hendes død og begravelse 1901 og Edward VIIs kroning gav anledning til ikke blot omfattende reportager, men også store baggrundsartikler. Derefter faldt interessen for det britiske noget indtil det politiske opgør om Overhuset 1910 og de store strejker i 1911-12.[88]

Dækningen af britiske forhold var i høj grad styret af bladenes politiske ståsted. Berlingske sympatiserede med de britiske konservative, Politiken med de liberale, således at den politiske reportage måtte give de danske læsere indtryk af at „den offentlige mening" i Storbritannien støttede henholdsvis forkastede fx den danske forsvarspolitik.

Politiken havde fra sin start i 1884 en ambition om at dække britisk politik indgående og regelmæssigt. I løbet af et par år blev den ovenfor omtalte Niels Petersen, bladets udenrigspolitiske redaktør (som det ville hedde i dag), hovedleverandør af britisk stof. Typisk bragte bladet på et år en 20-25 store og mellemstore artikler om England – et tal der i politisk tilspidsede år som under Home Rule-debatterne 1886-87 og 1892-93 kunne stige til 45-50. Ved store begivenheder som parlamentsvalg og kroninger benyttede man til lejligheden udsendte stjernereportere som Valdemar Koppel til valget 1900 og Andreas Vinding til Georg Vs kroning i 1911.[89]

Referaterne og analyserne er grundige og indsigtsfulde, men med tydelig tendens, og avisens holdning til kampen mellem højre og venstre i Storbritannien kommer klart frem: det var „demokratiets" fremgang og midlertidige tilbageslag, det gjaldt, i England som i Danmark. Ikke mindst under Boerkrigen støttede bladet den liberale „fredsfraktion" og påpegede de økonomiske konsekvenser af krigen. „Imperialisme eller Fredspolitik. Kampen mod Militarismen i England", hed en typisk overskrift (24. marts 1901), som en måned senere blev fulgt op af en omtale af den nye kultold og andre afgifter: „Krig og Skatter. Det engelske Budget. Hvad Imperialismen koster. Krigsregningen betales". (20. april 1901.)

Politikens læsere var således velinformerede om Storbritannien, forudsat naturligvis at de læste dette stof. Gjorde de det? At den grundige dækning blev fastholdt over så lang tid tyder jo ikke på en massiv erklæret læsermodstand, men Jeppe Aakjær imponerede udlandsdækningen i hvert fald ikke:

> Nu begynder „Politiken" jo ellers at oppe sig svært; især i forrige Uge indeholdt det en Række Artikler, som det var en udsøgt litterær Nydelse at gjennemlæse. – Udenrigspolitiken er endnu det tungest fordøjelige i Bladet; det minder altfor meget om Dejg, der ingen Gjær er i. Derimod vidner de indenrigspolitiske Artikler om den skjønneste Oplagthed.[90]

Da Politiken blev organ for det radikale venstre, præsenterede man grundigt og med megen sympati den nyvalgte liberale regering og dens reformprogram, samt den krise som strejker, suffragetter og det irske spørgsmål fremkaldte i årene op til 1. verdenskrig. P. Munch behandlede således konflikten mellem overhuset og underhuset (6. december 1907), kampen om finansloven (7. maj 1909), den store arbejdskamp (23. august 1911) – havnestrejken truede den danske landbrugseksport – og „Den politiske Krise i England" (21. august 1912). Andre skrev om emner som det lokale selvstyre i London (Gustav Philipsen, 23. marts 1907), „kulturkampen i skolen" (K. Wieth-Knudsen, 6. marts 1908) og de liberales sociallovgivning (Ejnar Wegener, 22. august 1912).

Bag de grundige beskrivelser og hjemlige politiske pointer er det imidlertid muligt at indfange nogle eksempler på hvad man kunne kalde den almindelige opinion om det britiske samfund – synspunkter der enten fremsættes som naturlige og ukontroversielle, eller netop fremhæves som anderledes end den herskende opfattelse.

Først og fremmest blev Storbritannien set som et samfund der var kompliceret og svært at forstå. I en anmeldelse af den store artikel om „England" i 1. udgave af Salmonsens Konversationsleksikon roste Politiken således de 22 forfatteres „Udredning af de indviklede og fra kontinentalt Statsliv saa hyppigt afvigende Forfatnings- og Forvaltningsforhold".[91] I en diskussion af kampen om de nye skolelove anførtes ligeledes „de ejendommelige og ret indviklede engelske Forhold" og den komplicerede terminologi (6. marts 1908). Komplikationerne skyldtes ikke mindst blandingen af historisk konservatisme og moderne fremskridt. Konservatismen og den historiske arv blev bl.a. demonstreret ved de store kroninger med deres (angiveligt) middelalderlige ritualer.

Men igen var det først og fremmest den britiske frihed, liberalisme og forretningssans der gjorde Det forenede Kongerige anderledes – om man så mente at det var noget at efterligne eller ikke. Man bemærkede når det på enkelte områder, som fx skolelovgivningen, ikke var det sædvanlige „Mønster for Fremskridt" (6. marts 1908), eller når de liberale indførte lov om obligatorisk arbejdsløsheds- og sygeforsikring: „Da England i den almindelige Bevidsthed står som Hjemstedet for Dogmet om Statens Ikke-Indblanding i det økonomiske Liv, har Loven ogsaa her hjemme vakt en vis Opsigt". (22. august 1912.) At Georg Brandes modtages med åbne arme, skønt han hverken havde venner i byen eller medbragte introduktioner, ses som bemærkelsesværdigt „i dette store Samfund, der ellers som Valgsprog hylder Ordene 'vær Dig selv nok'". (19. november 1895.)

Dette dynamiske samfund gav selvfølgelig gode muligheder, også for unge danskere, der ville ud og prøve lykken (men som forventedes at vende tilbage, modsat emigranterne til USA); det var der nu så mange der prøvede at man begyndte at skrive advarende artikler om arbejdsløsheden blandt danske i London.[92] Ikke alene bød England selv på gode muligheder, ikke mindst for danske ingeniører der lige som deres tyske og skotske kolleger var i besiddelse af de teoretiske kundskaber som englænderne manglede; landet var også porten, ikke alene til det formelle britiske imperium, men til verden i øvrigt, bl.a. til fremtidens store marked Kina (*Politiken*, 27. august 1902):

> ... hvor 400 Millioner Mennesker nu træder ud i Verdenssamkvemmet ... At rykke Verdens største Kejserrige 2000 Aar frem i Tiden, fra Confucius til Pierpont Morgan, er et Kæmpearbejde [som] gaar gennem England, og paa denne Baggrund er det med en Følelse af stor Forventning, at man ser de mange unge Danske, der nu fyldes af den engelske Aand.

Men den ambivalens som siden Grundtvig havde ligget i den danske holdning til det engelske „kræmmersamfund", dukkede nu atter op. Ved dronning Victorias 60-års regeringsjubilæum i 1897 noterede Politikens udsendte medarbejder rystet at der blev handlet til høje priser med stå- og siddepladser samt værelser hvis vinduer vendte ud mod processionsruten. (*Politiken*, 21. juni 1897.) Og da tidsskriftet „Assurandøren" kunne fortælle at britiske teaterejere, koncertdirektører og modehandlere havde tegnet forsikringer for 3 mill. pund mod indkomsttab som følge af landesorgen ved dronning Victorias død, skrev kritikeren Poul Levin (*Politiken*, 25. februar 1901):

> Englænderne er loyale. De stiller sig udenfor deres lukkede Butikker, Kontorer og Billetsalg og ser længe bedrøvede ud i Taagen. Saa gaar de ind og sætter sig bag Skodderne.
> Og med et stille, loyalt Smil gaar de hen til deres Jærnskab og tager deres Papirer frem. Der ligger den – Forsikringspolicen. Det er klogt at man i de gode Dage tænker paa de onde ... Hvilken ypperlig Landesorg! Mens Flaget vajer sørgmodigt fra Kuplen ligger det lille, loyale Papir og giver Penge ...
> „Mon en saadan Forsikringsart ikke skulde kunne vinde Indgang ogsaa her til Lands", spørger „Assurandøren".
> Vi lader Insinuationen gaa videre.

Der var altså også liberale, der var betænkelige ved den engelske ånd der skulle fylde unge danske.[93] Den ambivalens som debatten i Studenterforeningen havde afsløret, genfindes her. Men det var netop en ambivalens. England og det engelske var både et positivt og et negativt modbillede – eller forbillede og skræmmebillede. For nogle var det temmelig konstant det ene eller det andet, andre kunne efter behov skifte mellem de to sæt af stereotyper, som da politikeren Carl Ploug i begyndelsen af 1864 mente at erkendelsen af Englands materielle udvikling havde neddæmpet „Danmarks retfærdige Forbittrelse paa England", for så senere på året – da England havde fundet det i sin materielle interesse ikke at komme Danmark til undsætning – at fnyse over „den Fredslidenskab, der lader sig omsætte i Sterling".[94]

Engelsk fra handelssprog til gymnasiefag

Den slesvigske latinskolemand E. Manicus besøgte i 1859 England og havde meget godt at sige om landets skoler: man forlangte „en smuk og smagfuld Behandling af Modersmaalet", lærebøgerne i historie og geografi var korte og livlige uden andre landes „afskrækkende Skeletter og Navnefortegnelser", og man indrømmede realfagene samme formale dannelsesevne som de klassiske sprog. Kedeligt kun at skolernes annoncer var holdt „i de sædvanlige Avertissementers skrydende Tone, fulde af Pral og Selvroes", hvad der ifølge „vore sædvanlige Forestillinger" ikke passede sig for en skole, men det kunne vel ikke være anderledes „hvor Penge- og Spekulations-Aand spille en saa stor Rolle, som i England".[95]

Den danske lærde skole ønskede intet mindre end at blive associeret med penge og spekulation, selv om privatskolerne i København mod slutningen af århundredet kom i en konkurrencesituation der tvang dem til at anvende et vist mål af pral og selvros, og man nægtede længe at betragte realfagene som dannende på samme måde som skolens hovedfag, latin og græsk. Da Manicus skrev disse ord, var der endnu tolv år til oprettelsen af en matematisk linje og næsten et halvt århundrede til indførelsen af en nysproglig linje i 1903. Dette er ofte blevet tolket som udslag af den (sene) danske moderniseringsproces og set som en uspecificeret konsekvens af det politiske systemskifte. Anskuer man imidlertid sagen i et lidt længere perspektiv, dvs. bagud til den første omfattende debat om indplaceringen af moderne sprog i latinskolen i

1830'erne og fremad til samfundets reaktion på den nysproglige linje fra ca. 1910 til 1935, tegner billedet sig noget anderledes. Engelsk er nemlig, ligesom dansk, "nyhumanismens trojanske hest".[96] Faget bliver accepteret i gymnasiet fordi det kan opfattes som et alternativ til den klassiske dannelse, til skuffelse for de kredse i samfundet der havde regnet med at den nysproglige gren ville få en mere moderne og samfundsrelateret karakter. Det samme sker med tysk, hvor "klassikervægtningen" i øvrigt bliver endnu mere udpræget – tysk som ellers op mod 1914 ofte blev vurderet til at være lige så "moderne" som engelsk, bl.a. af Johannes V. Jensen:

> Ingen, der ransager sit Hoved, vil rigtig kunne holde ud fra hinanden hvad der er engelsk og hvad der er tysk, af hvad man som moderne tænkende Menneske lever paa ... Vor Tids tekniske Udvikling har vel ogsaa sin Oprindelse i England, tager Fart i Amerika og gennemføres med Intensitet i Tyskland. Men Indbegrebet af vor Tid, det Moderne, er et Fælleseje, det nordiske Forspring.[97]

Diskussionen om engelsk i skolen var, som vi skal se, ikke upåvirket af debatten om Danmarks politiske, kulturelle og økonomiske forbindelser med landet. Men den lærde skole levede i høj grad i sit eget univers, hvor et sprogs udbredelse og praktiske nytte snarest talte mod dets optagelse; almendannelsen skulle nødig besudles af hensyn til "handelsstanden" og "det praktiske livs mænd". Det var en udbredt opfattelse i den politiske elite (hvoraf de fleste jo selv havde gået i denne skole) at staten havde pligt til at sørge for uddannelsen af embeds- og videnskabsmænd, men ikke for mere erhvervsrettede studier.

Ud over at være associeret med handel og erhverv, havde engelsk længe yderligere en svaghed i konkurrencen, nemlig at det var for enkelt. De klassiske sprog blev i kraft af deres kompleksitet betragtet som bedre egnet til at forme og skærpe åndsevnerne end de moderne sprog, og hvor man åbnede op for de nyere sprog, var tysk og fransk mere oplagte kandidater end engelsk. Når man først havde lært de øvrige sprog, lod engelsk sig let lære ved selvstudium, hævdedes det vedholdende. Det var først i løbet af 1800-tallet at en ændret sprogfilosofisk tilgang erklærede netop enkle sprog som engelsk for de højest udviklede.[98]

Blandt de klassiske sprogs forsvarere havde de mest kyndige – især Madvig, der som kultusminister og undervisningsinspektør skulle få en afgørende indflydelse på latinskolen – for længst opgivet tanken om at latin og græsk „skærpede tankerne", dvs. gav en formaldannelse som gjorde det lettere at studere andre fag bagefter. Madvig lagde i stedet vægten på den antikke litteraturs og kulturs opdragende og åndsdannende virkning. Denne litteratur skulle til gengæld tilegnes „autoptisk", dvs. ved læsning på originalsproget, så der var stadig behov for et stort antal timer til de klassiske sprog.[99] Ville realfagene, herunder de moderne sprog, vinde indpas, måtte de bevise at studiet af dem gav det samme mål af åndsdannelse. Det stillede for så vidt engelsk gunstigere end før, for mens man ikke kunne trylle den tidligere formrigdom frem igen, var det ikke umuligt – og lykkedes jo da også for den nysproglige linjes fortalere – at argumentere for at engelsk som litteratur- og kultursprog stod fuldt på højde både med oldsprogene og med de moderne rivaler tysk og fransk. Men for engelsk havde sejren den omkostning at faget nu spændte fra Shakespeare og Shelley over politiske taler og lettere noveller, grammatik og engelsk stil til lydskrift og dagligdags talesprog. Enten måtte man prioritere, hvorved man udsatte sig for kritik for enten at være for „kulturel" eller for „praktisk", eller man prøvede at nå det hele og jog derved flere og flere studenter over i den matematiske linje. Her var engelskundervisningen dog alt andet end effektiv og inspirerende, og den samlede situation mht. højtuddannedes sprogkundskaber gav efterhånden anledning til bekymring.[100]

Mellemskolens sprogundervisning forbedrede kun langsomt befolkningens almindelige kundskaber, og engelsk i gymnasiet blev ikke det som fx erhvervslivet og Socialdemokratiet havde ventet. Da man ikke kunne komme igennem med et „handelsgymnasium" som fjerde linje, satsede erhvervslivet i stedet på et parallelt uddannelsessystem med Niels Brock som handelsgymnasium og Handelshøjskolen som højere læreanstalt. Og efter et behjertet men forgæves forsøg fra den første socialdemokratiske undervisningsminister Nina Bangs side på at gøre gymnasium og universitetsstudierne mere samfundsrelevante, skulle det vare frem til 1960'erne før socialdemokraterne for alvor prøvede at påvirke gymnasiet.

Baggrunden for den store skolereform i 1903 har været emnet for to vigtige afhandlinger. Vagn Skovgaard-Petersen fokuserede i *Dannelse og demokrati* fra 1976 på de politiske og sociologiske aspekter. 1903-loven indførte „enhedsskolen" i Danmark, dvs. et sammenhængende skolesystem fra 1. klasse til studentereksamen, hvor „den lærde skole" og folkeskolen hidtil havde været adskilt – bl.a. fordi Højre og Venstre forsvarede hver „deres" skoleform og hellere ville befæste deres kontrol med deres egen skole end prøve at få afgørende indflydelse på modpartens. I den forstand var 1903-reformen afhængig af systemskiftet 1901: det var Venstre der med sit nye parlamentariske flertal kunne indføre en mere demokratisk skole, hvor også de højeste trin nu stod principielt åbne for alle.[101]

For Claus Møller Jørgensen i *Humanistisk videnskab og*

dannelse i Danmark i det 19. århundrede: reform, nationalisering, professionalisering (2000) er perspektivet et andet, nemlig 1903-reformens rolle som slutsten i en udvikling hvor den klassiske filologi taber sit dannelsesmonopol til fag som dansk og historie. En vigtig pointe hos ham er at dette ikke var et automatisk eller givet resultat af ændrede klasseforhold, statslig styring eller eksternt pres i det hele taget, men at debatten om den lærde skole (og universitetet) også efter folkestyrets indførelse i 1849 i alt væsentligt foregik på eksperternes præmisser med behersket input fra lovgiverne.[102]

Dette essay anlægger et supplerende perspektiv og ser på en tredje udfordring til de klassiske sprogs kulturelle hegemoni, ved siden af den demokratiske og den nationale, nemlig den „reale", dvs. den der kom fra fag som matematik, naturvidenskab og de moderne sprog. Det var karakteristisk at disse fag blev langsomt og tøvende accepteret, og at deres succes ofte afhang nok så meget af deres formodede almendannende virkning som af deres praktiske formål.[103] Det var ikke engelskfagets moderne og praktiske side der skaffede det borgerret i gymnasiet, men overbevisningen om at det kunne bidrage til en dannelse der var lige så god som – „åndsækvivalent med" – den klassiske. Det er vejen frem mod denne overbevisning der vil blive skitseret i det følgende.

Fra latinskolen til den lærde skole 1536-1809

Da Københavns Universitet blev reorganiseret efter reformationen, var hovedformålet at uddanne protestantiske præster, og kirken havde betydelig indflydelse. I latinskolen blev latin og græsk de ubestridte hovedfag – latin med henblik på praktisk veltalenhed og de videre universitetsstudier, græsk især med henblik på det teologiske studium.[104] Diverse reformer blev kun delvis ført ud i livet, fx i 1620.[105] I 1739 blev en række nye fag blev føjet til (heriblandt regning, historie, geometri, naturfag, fysik med astronomi), men økonomiske og praktiske ressourceproblemer blokerede for reformen; fx fandtes de krævede danske lærebøger ikke.[106]

I 1775 udstedtes en forordning om forbedring af de offentlige latinskoler. Den var et led i Ove Høegh-Guldbergs helstatspatriotiske projekt, hvis hovedstykke var Indfødsretten af 1776. Statens embeder blev forbeholdt dem der var født i den danske helstat – danskere, nordmænd og holstenere. Om et dansk monopol på disse stillinger var der altså ikke tale. Der ville stadig være adgang for tysktalende holstenere (og andre tyskere kunne fortsat søge og få dispensation). Nu var tyskerne jo ofte hentet ind fordi de besad kvalifikationer som danskerne ikke havde, og en forbedring af skolesystemet ville kunne gøre de danske ansøgere kvalificerede til at bestride embederne. Særlig fremsynet var 1775-ordningen nu ikke. Både fædrelandets og verdens historie og geografi blev medtaget i læseplanen, men derimod hverken de realfag som man (i teorien) havde indført i 1739 eller de moderne sprog. Denne „danske linje" blev videreført af de to latinskolekommissioner der blev nedsat i 1785 og 1790.

1775-reformen var til fordel for dansk sprog, litteratur og historie (som dog endnu blev læst som eksempler på klassisk smag, ikke som kilder til national identitet). Derimod gjorde den meget lidt for matematik og naturvidenskab og intet for de moderne sprog, og den var egentlig ikke rettet mod latin og græsk, for de klassiske sprog blev sjældent set som trusler mod det nationale. Faktisk kunne man argumentere for at de klassiske sprog netop havde bremset tysk dominans i Danmark. Tysk kunne man næsten ikke undgå at lære, hvis man ville gøre en eller anden form for boglig karriere i Danmark, men teologi og videnskab benyttede helt overvejende latin og senere dansk. Det blev et vægtigt argument for at beholde latin som skolens centralfag, og for at begynde tidligt med sproget, at ellers måtte fremmedsprogsindlæringen begynde med tysk, hvad man frygtede ville fordærve disciplenes dansk. Set fra en national synsvinkel var indførelsen af de moderne fremmedsprog altså ikke højt prioriteret.

Endnu i slutningen af 1700-tallet endte halvdelen af studenterne som præster eller degne, men den anden halvdel kom til at dække et stadig bredere spektrum.[107] Den florissante handelsperiode øgede kontakterne med andre sprogområder. Da skolen imidlertid definerede sig som forberedelse til universitetet, og moderne sprog her endnu var irrelevante, måtte behov for kundskaber i sprog og andre realfag som matematik, naturvidenskab og teknik dækkes på anden måde. Det skete typisk ved at håndværkere og købmænd fik de nødvendige erhvervsrettede kundskaber „på jobbet". Sprog lærte man i det pågældende land, håndværkeren „på valsen", købmanden i et udenlandsk handelshus. De nyere sprog indgik også i adelens opdragelse, og mangen borgerlig fik chancen til at lære dem som en ung adelsmands ledsager på de store Europarejser (som dog kun undtagelsesvist omfattede England).

Utvivlsomt er der også andetsteds blevet undervist i de nyere sprog. En kommission ville i 1785 lade lærerne give ekstraundervisning i tysk og fransk mod betaling, som det allerede var blevet indført flere steder.[108] Engelsk nævnes ikke i denne sammenhæng, men dukker til gengæld op i flere private skoleinitiativer, hvoraf Efterslægtselskabets skole (1786) og Borgerdydskolen (1787) er de kendteste. Under indflydelse af disse skolers succes blev der 1790 nedsat endnu en latinskolekommission, under forsæde af hertug Frederik Christian af Augustenborg. Dette mønster, at de private skoler reagerede hurtigt på ønsker fra kundekredsen om nye pædagogiske ideer, og at statsskolerne derefter med større eller mindre forsinkelse fulgte efter, genfindes 100 år senere.

Hertugens „Ideer vort lærde Skolevæsens Indretning vedkommende" blev præsenteret i tidsskriftet *Minerva* i 1795. Han ønskede undervisning i realfag, læsefærdighed i nyere sprog – heriblandt engelsk – samt „borgerlige kundskaber", dvs. samfundslære, statsforfatning, lovgivning og erhvervslære, men var samtidig påvirket af nyhumanismens ideer om latin og græsk som de egentlige åndsdannende fag – og den danske litteratur ville han heller ikke give afkald på. Denne „fagtrængsel" skulle igen og igen vende tilbage som problem. At fastholde latin og græsk som dannelsesfag, kostede så mange timer at der ikke kunne skaffes plads til nye fag i den lærde skole. Det problem blev først løst da man i 1871 – tøvende – accepterede en linjedeling af den lærde skole. I mellemtiden forsøgte man på forskellig måde at imødekomme kravene om en tidssvarende realundervisning; men den blev betragtet som noget sekundært og kom til at fungere på den lærde skoles betingelser.

De nye ideer blev afprøvet ved Frue skole i København (1797-1800) samt i Christiania (1801) og Odense (1802), og blev livligt debatteret. Enkelte skolefolk gjorde sig til talsmand for at optage engelsk på skemaet. Rektor ved Aarhus Katedralskole, Jens Stougaard (som bl.a. var Grundtvigs lærer 1805-09), pegede således i 1795 på de moderne sprogs nødvendighed. Da han på den anden side ikke ønskede at svække de klassiske sprog og gik ind for en opprioritering af historie, dansk litteratur, sang og gymnastik, måtte han prioritere:

Trende levende Sprog tvivler jeg paa kan tilligemed alt det øvrige læres i Skolerne, uden at Læsningen skal blive et sandt Virvar. Det Tydske lære desuden de fleste ved lidt

Omgang, som Student, uden synderlig Umag. Det Engelske bliver da vel det egentlige Sprog for en Videnskabsmand.[109]

Det var en noget tynd konklusion, og *Minervas* udgiver Knud Lyne Rahbek – der flittigt brugte fodnoterne til at kommentere sine bidragyderes synspunkter – mente da også at fransk vel var vigtigere både for videnskabsmænd og borgere i almindelighed (og, tilføjede han, måtte „Himlen bevare os fra Tydsk, som det læres ved Omgang"). Men i øvrigt burde man ved en ringe ekstra indsats kunne lære at læse alle tre sprog.[110]

Den lærde skole – en oversigt 1809-1903

I 1809 blev skolen unddraget kirkens direkte kontrol og lagt under Direktionen for de lærde Skoler. Religion og kristen moral spillede stadig en væsentlig rolle, og en stor del af eleverne gik der for senere at kunne læse teologi, men de nyhumanistiske ideer betød at hovedvægten nu lå på den ikkekristne klassiske dannelse.

I 1850 blev studentereksamen flyttet fra universitetet til de lærde skoler, idet dog filosofikum forblev i universitetets regi. Fagkredsen blev udvidet, og det skulle skoletiden også have været – fra 8 til 9 år – men dette viste sig politisk umuligt, med fagtrængsel og overanstrengelse til følge. Samtidig førte debatten om realdannelse ikke til nogen større rolle for engelsk, der endda blev læst mindre efter 1850 end før.

I 1871 blev gymnasiet delt i en sproglig og matematisk linje. Venstres nordisk-historiske linje, der dog også havde både latin og moderne sprog med, blev afvist; det eneste spor af den blev at oldnordisk indtil 1935 blev en del af danskundervisningen. Mange beklagede tabet af den fælles klassiske dannelse (selv om matematikerne faktisk efter 1871 havde mere latin end de klassiksproglige efter 1903!)[111] Engelsk, der i 1864 administrativt var blevet gjort til valgfrit fag, beholdt denne status i loven.

Endelig kom så Loven om højere Almenskoler af 24. april 1903, der dels indførte enhedsskolen, dels den „tredje retning", den nysproglige linje.

De nye ordninger blev i 1809 og 1850 indført efter indgående debatter og eksperimenter, og de foreslåede reformer blev afprøvet på enkelte skoler fra 1801 til 1809 og fra 1845 til 1850. Loven af 1850 undergik flere modifikationer frem til 1858, hvor man endelig mente at være nået frem til en langtidsholdbar løsning – hvorefter en forældreadresse i 1860 med klager over fagtrængsel og overanstrengelse udløste en ny debatrunde, der førte til yderligere reformer i 1864. Her optræder engelsk for første gang på den officielle timeplan, om end i beskedent omfang.[112] 1871-loven undergik diverse administrative ændringer frem til 1882, hvorefter forfatningskampen i alt væsentligt blokerede for ændringer de næste tyve år. Det er værd at bemærke at i 1850 og 1903 blev reforminitiativerne taget under ét politisk system og loven gennemført under et andet – beslutningsprocesserne spænder over henholdsvis grundloven 1849 og systemskiftet 1901. I begge tilfælde havde det gamle system altså erkendt behovet for reformer og sat dem i gang.

1809-forordningen og de moderne sprog i den lærde skole

Et „pædagogisk seminarium" til uddannelse af latinskolens lærere blev oprettet i 1799 (inspireret af de nye seminarier for almueskolen), men lukkede igen 1810, og „det stod fra den Tid som en given Ting, at den Mand, som havde erhvervet sig Kundskaber nok til at bestaa den filologiske Embedseksamen, ogsaa derved maatte have vist sig skikket til at være Lærer".[113]

Der er ingen tvivl om at kvaliteten af undervisningen fik et løft, trods den manglende læreruddannelse. Skolemanden og filosofiprofessoren C.N. Starcke, der stod meget kritisk over for sin tids latinskole og var en varm fortaler for en opvurdering af realfagene på alle niveauer af undervisningen,[114] har givet følgende vurdering af den:

> Der lærtes virkelig Latin og Græsk i denne Skole, der skabtes gennem den en Generation, som var vænnet til Flid og Nøjagtighed, og som ogsaa havde en æstetisk Fornemmelse af, at den burde have Sindet aabent for Livets højere Værdier. Hele den Frihedsbevægelse, som gik over vort Land i Sammenhæng med de europæiske Strømninger, og som drog omtrent hele vor Embedsstand med sig, har nogle af sine Forudsætninger i denne gamle Lærdskole. Men den kasteagtige Afsondring, hvori den stod til Folkeskolen, den Forgudelse af Lærdom blot som Lærdom, hvortil den opfordrede, det æstetiske og upraktiske Forhold til Virkeligheden, som den fremkaldte, bidrog sit til at lade Akademikerne føle sig som dem, der var kaldede til Magten og Herredømmet, og var saaledes ikke uden Skyld i den Splittelse, som senere delte vort Folk.[115]

Den „kasteagtige afsondring" fra folkeskolen var etableret i selve lovgivningen. Efter latinskoleforordningen af 1809 fulgte der i 1814 en separat lovgivning for almueskolen, og indenfor denne igen særskilt for land og by. Desuden fik København sin egen skolelov, og hovedstadens skolevæsen bevarede sin særlige karakter helt frem til skolelovene af 1958, der også ophævede de forskellige regler for land og by.[116] Undervisningen tog sigte på helt forskellige ting: latinskolen skulle forberede en lille elite på den videregående uddannelse ved universitetet, almueskolen skulle meddele undervisning „i de for Almuen mest uundværlige Kundskaber".[117]

Men staten var opmærksom på at der også var unge „som, skiøndt ikke bestemte til Universitetsstudier, dog mere eller mindre behøve videnskabelig Uddannelse for deres tilkommende borgerlige Stilling og Forretninger". De var velkomne til at deltage i latinskolens undervisning, i de nederste klasser i alle de fag, de måtte være interesserede i, og i øvrigt i de timer „der gives de øverste Klasser i de nyere Sprog og om videnskabelige Genstande". Men de måtte ikke udgøre mere end 1/3 af eleverne i nogen klasse, og deres undervisning måtte ikke „hverken i Materie eller Form afvige fra den ... foreskrevne Læreplan". For at fjerne enhver tvivl indskærpede forordningen at blandt fagene skulle „et grundigt og dannende Studium af de gamle Sprog og Klassikere stedse beholde den fortrinlige Plads, som deres Vigtighed for de lærde Skolers Øiemed hiemler dem ..."[118]

Problemet var altså at kun få af fagene var relevante for realstuderende – af de obligatoriske fag vel snarest aritmetik, geometri, geografi, tysk og fransk – og at selv disse først og fremmest skulle tage sigte på de „studerende disciple". Dertil kom en række frivillige fag, deriblandt engelsk, som der blev undervist i „naar og hvor det kan skee" – det vil i reglen sige, når der tilfældigvis befandt sig en kvalificeret sproglærer i byen. Disse fik ret til at undervise på latinskolerne, selv om de ikke havde de eksaminer der ellers krævedes.[119]

I almueskolen indgik fremmedsprog ikke. Et forslag fra 1891 om at udvide undervisningen på landet med bl.a. sprog, hvoraf engelsk burde "foretrækkes og læres grundigt og praktisk", førte ikke til noget.[120] Lokalhistoriske undersøgelser har vist at der på denne tid blev givet engelskundervisning i aftenskoler og i de "privatskoler af bymæssigt præg" der især dukkede op i de nye stationsbyer, men det præcise omfang af denne undervisning lader sig vanskeligt opgøre.[121]

Men mellem disse to systemer udvikledes der sig i løbet af 1800-tallet, i et samspil af statslig lovgivning på den ene side og privat og kommunalt initiativ på den anden, et system af realskoler, ofte kaldt "højere borgerskoler", hvor der blev givet undervisning der rakte ud over almueskolen. Sådanne skoler var forudset allerede i anordningen af 29. juli 1814 om almueskolevæsenet i købstæderne. Disse skoler skulle oplære de børn "der vel ingen lærd Dannelse behøve, men dog bestemmes til en saadan Virkekreds, som fordrer særegne Kundskaber" (stk. I, 1). I de større byer regnede man med at det private initiativ ville sørge for sådanne skoler. Problemet var de mindre byer, hvor det kneb med det økonomiske og demografiske underlag, men "hvor dog en mere udvidet Underviisning, end den, som egentlig bør gives i de almindelige Borgerskoler, er ønskelig for de Børn, *hvis Forældres borgerlige Stilling synes at kunne giøre Krav derpaa*" (min kursivering – JRR). Tanken var i første omgang at borgerskolen skulle udvides med en klasse og, hvis det var nødvendigt, med en ekstra lærer. Systemet udvikledes efterhånden derhen at de fleste byer opdelte deres borgerskole i to afdelinger, "friskolen" og "betalingsskolen". Undervisningen i den sidstnævnte omfattede flere fag og varede længere end i friskolen; men i øvrigt var der næppe altid nogen markant kvalitetsforskel, således at det snarere var sociale hensyn der bestemte forældrenes valg, som jo også den ovenfor kursiverede formulering synes at antyde.[122]

I de private „borgerlige realskoler", som man altså forventede ville springe op i de større byer (i København fandtes der allerede adskillige), skulle der udover i læsning, skrivning, historie og religion udbydes en række realfag. Der skulle bl.a. undervises i elementær matematik og mekanik, „især med Anvendelse paa Fabrikker og Haandværker"; i naturhistorie og naturlære, „hvormed forbindes Kundskab om Handelsvarer, samt om Haandværks- og Fabrik-Arbeider"; i geografi, „hvormed Handels-Geographie bør forbindes"; og i tegning af bl.a. maskiner og arkitektur. Der tages altså tydeligt sigte på uddannelsesbehovet for den borgerlige middelklasse i et samfund hvor de første dampmaskiner var kommet i virksomhed, og disse elever menes også at have brug for undervisning i „levende sprog".

Hvad der skal forstås herved, giver anordningen to bud på. I § 74 er det tysk og fransk og „tillige Engelsk, saafremt Kiøbstedens Handelsforbindelser dertil kunde give Anledning"; men i den instruktion for lærerne ved købstædernes borgerlige realskoler der udgør et af anordningens bilag, siges det at tysk „bør læres overalt, Fransk eller Engelsk, efter Local-Omstændighederne" (§ 10).[123] Men fælles for alle formuleringerne er altså at engelsk er det mindst vigtige af de tre nyere sprog. I den lærde skole kan det udbydes hvis der kan skaffes lærere, i realskolen såfremt der er lokalt behov for det. I det sidste tilfælde er engelsk nærmest placeret på samme niveau som fagene svømning og elementær navigation, der bør tilbydes „i Søestederne"![124]

Kun på Sorø Akademi spillede de moderne sprog en noget større rolle. Da det blev oprettet i 1623, var det netop med det formål at bremse de mange kostbare dannelsesrejser, og der blev undervist i italiensk, fransk og spansk.[125] Da det genåbnede som "borgerligt akademi" i 1747, var det med fransk og tysk som nyere sprog. Først ved en revision af fundatsen i 1782 dukker engelsk op: der begyndes med tysk i 3. år, fransk i 5., og i 7. "lagdes Grunden til Kendskab til det engelske Sprog".[126] I akademiets tredje reinkarnation fra 1822 blev der undervist i dansk, fransk, tysk og engelsk litteratur "i Forbindelse med udvidede Sprogøvelser"; den samme lektor tog sig af tysk og engelsk. Reskriptet af 26. juli 1845, ifølge hvilket Sorø skulle gøres til en "højere læreanstalt for realvidenskaberne", forudså blandt fagene "de tre Verdenssprog, hvori Undervisning bør gives af indfødte Lærere for Udtalens Skyld"; dette realakademi blev dog ikke til noget, og i akademiets sidste år før den definitive lukning i 1849 vendte man tilbage til ordningen med samme lektor i engelsk og tysk.[127]

I Sorø blev engelsk læst i stedet for hebraisk – som mange studerende jo imidlertid alligevel skulle kunne for at kunne studere teologi og derfor måtte lære senere.[128] Dette var symptomatisk. Både før og efter 1809 blev der undervist sporadisk i engelsk i den lærde skole, men faget erstattede ikke noget og var unyttigt for de videre studier.[129]

1830-1860: Kravet om mere realdannelse

I årene op til 1800 blev der i København som nævnt grundlagt en række private skoler eller institutter, der havde til hensigt at vægte realfagene højere i deres undervisning end det var tilfældet i statens lærde skoler. De kunne ikke sætte sig ud over opdelingen i "studerende" og "ustuderende" klasser (handelsklasser), men det var karakteristisk at de i perioder havde lige mange af begge slags, og at de eksperimenterede med at lade de to grupper undervise sammen så længe og i så mange fag som muligt.

Efterslægtselskabet og Borgerdydselskabet åbnede deres skoler i hhv. 1786 og 1787; det Schouboeske Institut fulgte i 1794 og det Westenske Institut i 1799. Hvor god sprogundervisningen her har været, er dog et åbent spørgsmål. En af dimittenderne fra 1829 kritiserede skarpt Borgerdydskolens undervisning i tysk og fransk; bl.a. blev sprogene aldrig talt.[130] Bedre kan det da næppe have været i engelsk, som i øvrigt forsvandt fra timeplanen da „handelsklasserne" blev ophævet i 1838.[131] Fra Efterslægtselskabets skole har vi den senere professor N.C.L. Abrahams' kritiske erindring om engelskundervisningens kvalitet fra hans tid i skolen 1808-09:

> En Skriver i Forligskommissionen, Schou, lærte os Engelsk, hvilket han ikke selv kunde; i *The Vicar of Wakefield* oversatte han i Sætningen: *As for breeding none could excel her*, det Ord *breeding* ved syning, og da jeg, der kunde ret godt Engelsk, gjorde ham opmærksom paa, at det vel ikke var saa ganske rigtigt, mente han, at det vel var muligt.[132]

I 1830'erne kom det til en fornyet debat om realfagene i skolen. Den kom dels indefra i form af en diskussion af begrebet dannelse, hvor man under indflydelse fra nyhumanismen ønskede at opgive grammatikterperiet til fordel for en personlig tilegnelse af den klassiske ånd gennem den latinske og græske litteratur. Man skulle nu lægge mindre vægt på den sproglige analyse end på læsning af litteraturen for indholdets skyld; og græsk, hvis litteratur var mere „original" end den latinske, skulle opprioriteres. Samtidig blev det dog også fremhævet at dansk var et vigtigt fag fordi den klassiske ånd skulle omplantes til hjemlig grund, og matematik og naturfag blev også opvurderet (ikke mindst fordi grækerne havde dyrket dem!). Samtidig antog den herskende sprogfilosofi dog at et folks hele kultur rummedes i sproget, således at man altså kunne tilegne sig denne kultur ved at lære og analysere sproget, hvorved litteraturlæsningen (igen) risikerede at blive betragtet som noget sekundært i forhold til sprogtilegnelsen.

Samtidig optog man „fakultasteorien", som sagde at de menneskelige åndsevner kunne trænes og styrkes således at „sjælens muskelkraft" blev større, og den derved indvundne styrke kunne så benyttes på andre områder. Spørgsmålet var nu hvilket fag der bedst fremmede denne optræning, og her var det en udbredt opfattelse at det latinske sprog var specielt velegnet til at fremme logisk tænkning, hukommelse og dømmekraft. Ved at studere latin fik man „en åndelig holdning af klassisk storhed, og en formel udvikling af samtlige „sjælekræfter" til brug på hvilket som helst stof, hvilken som helst situation".[133]

At latin og græsk var så vanskelige, havde adskillige fordele, mente mange kirke- og skolefolk. Det gjorde disse sprog specielt egnede til åndelig styrketræning, så man bagefter desto lettere kunne lære andre fag som fx de nyere sprog. Arbejdet med dem gavnede således eleverne; for selv de der ikke havde filologiske evner ville „dog ligefuldt høste Nytte af det grundige Studium". Desuden bidrog studiet af oldtidens store mænd, deres „Kraft, Fasthed og Værdighed", såvel som deres fejl, til „at give Sindet en højere Retning og at danne, hvad Englænderne kalde *a public character*", skrev Mynster i 1832.[134]

Endelig havde dette studium, som Århus-biskoppen S.P. Brammer i 1846 anførte i en tale, flere heldige politiske virkninger. Man havde frygtet at „enten den danske Folkeaand eller det praktiske Liv" skulle lide skade derved at man brugte så mange kræfter på latin og græsk. Men dette var langtfra tilfældet, for de gamle sprog var al kulturs fælles kilde:

Hvor denne Kilde standsede, hentørredes de Bække, som skulde hente deres Næring fra den. Der fremkom Moradser, hvori giftigt Kryb vrimlede. Historien vidner, at Videnskabelighedens Forfald var et Forbud paa [dvs. varsel om] ødelæggende Revolutioner ... Jo mere vor Tid er tilbøielig til Materialisme [og jo mere] Ungdomsalderens almindelige Lyst til at leve for Øieblikket og svæve paa Overfladen begunstiges, [jo mere må deres fædre og lærere] modarbeide denne for dem og Fædrenelandet lige farlige Tilbøielighed. Og dertil er den Aandsanstrengelse, den grundige, langsomme, men sikkre Fremskriden, den Fordybelse i Oldtiden, som de gamle Sprogs Studium medfører, et mægtigt og prøvet Middel.[135]

De nyere sprog, „hvorpaa vore praktiske Mænd lægge fortrinlig Vægt", var mere problematiske. Deres nytte nægtede Brammer ikke, og lidet overraskende mente han at de så meget desto lettere lod sig lære når man kunne latin og græsk. Men det var ikke kun en fordel. Dels rummede de adskilligt som „den danske Folkeaand ei vil vedkjende sig, saasom flere franske Romaner"; den nyere engelske romanlitteratur var „i flere Henseender at foretrække", tilføjede han.[136] Men de nyere sprog indbød også i sig selv til overfladiskhed:

> Jeg veed vel, at de, for hvem det i Øine- eller i Ørefaldende er Hovedsagen, kunne ønske, at man i de lærde Skoler anvendte en vis Francaisemaneer for at bringe Eleverne til at udtrykke sig med glimrende Færdighed eller dog Raskhed i fremmede, nyere Sprog; men jeg maa for de lærde Skolers Vedkommende hævde Sproglærens Ret, og i den danske Folkeaands Navn yttre Betænkelighed imod en Fremgangsmaade, som kan blive farlig for det danske Tungemaals Reenhed og Velklang.[137]

Da var den klassiske dannelse, når den blot ikke blev drevet ensidigt, langt mere kompatibel med danskheden. Hvorfor, spurgte Brammer retorisk, „skulle vi, fordi vort Blik følger Romerørnen, ei længere kunne forlystes og bevæges ved Lærkens Sang paa de danske Marker, ved Nattergalens i de danske Lunde?" Eksempler på lykkelig forening mellem klassik og nationalånd fandt man bl.a. hos Saxo, Christiern Pedersen og Anders Sørensen Vedel. Heller ikke den engelske folkelighed var jo blevet skadet af det endda langt mere fremtrædende klassiske element i englændernes skoledannelse: „Hvo vil negte, at det engelske Folk, udsprunget af samme Stamme som vi, udmærker sig ved Kraft, Almeenaand, Fædrenelandskjærlighed, praktisk Dygtighed?"[138]

Brammer konkluderede derfor at også danskerne burde indrømme de gamle sprog forrangen, selv i en æra som stræbte „efter Dynamik ei ved napoleonsk Stordaad, men ved Methoder til at sætte snart Locomotiver og snart Statsforfatninger i Bevægelse". Kun ved at bygge undervisningen op om de klassiske sprog kunne man, stillet over for tidens mangfoldige fordringer til skolen, modvirke den fare der ellers ville være „for ei at fyldestgjøre nogen af disse Fordringer tilfulde, naar man vil fyldestgjøre dem alle, og tillige for at overanspende Skolens Kraft".[139]

Andre fag prøvede fra tid til anden at hævde sig ved at påberåbe sig de samme kvaliteter som latin og græsk, altså evnen til at udvikle dømmekraft og logisk tænkning; kun sådan kunne de nemlig blive anerkendt som almendannende. Så tidligt som i 1803 argumenterede en lærer ved Christiania Katedralskole, Søren Rasmussen, således for matematik:

> Er Tænkekraften ved [matematikken] først rigtig ordnet og skiærpet, og haver den ved Sprogunderviisning, især i Latin og Græsk, hvis Bygningsmaade i Almindelighed

maa erkjendes som den Fuldkomneste, lært rigtig at forbinde de Tegn hvormed de øvrige Videnskaber afbilde deres Gienstande og anstille deres Undersøgelser, saa maa den sikkert kunne giøre lykkelige Fremskridt i enhver anden Videnskab.[140]

Det var synspunkter, som bl.a. Brammer ville have kunnet tilslutte sig. For ham måtte matematik ikke bare kræve udenadslæren af et stort pensum; fagets „dannende Indflydelse" beroede på at eleverne lærte at løse logiske problemer. „Hvad derved maatte tabes i Massen af Kundskaber, bliver rigelig erstattet ved den Aands Klarhed, som selverhvervet Indsigt medfører", og eleven ville derudover blive vænnet til at give en „tydelig og naturlig" forklaring af „det daglige Livs Gjenstande".[141]

Matematik blev da også forsigtigt lukket ind i den lærde skole i 1809. Aritmetik og geometri figurerede på timeplanen og indgik endvidere i Anden Examen, som de studerende skulle aflægge før de begyndte på deres fagstudium. Polyteknisk Læreanstalt, der blev åbnet i 1829 og nød stor prestige ikke mindst takket være H.C. Ørsted, havde vist hvor utilstrækkeligt den lærde skole forberedte de studerende på den slags højere uddannelse.

De fleste kom ind på læreanstalten via den såkaldte Almindelig Forberedelseseksamen, der blev indført 1838, men selv om der indgik matematik i den, måtte de underkaste sig en udvidet adgangsprøve ved læreanstalten. Den almindelige forberedelseseksamen blev aflagt ved universitetet og der var ikke nogen organiseret undervisning som forberedte til den; den kom udover for polyteknikere også til at gælde for dyrlæger, farmaceuter, forstmænd og de såkaldte „danske jurister". Alle blev eksamineret i dansk og tysk.[142] Farmaceuter skulle have latin, forstmænd og polyteknikere fransk med henblik på den faglitteratur de skulle læse. Derimod var engelsk åbenbart det relevante sprog hvis man ville til landvæsenet. Torsten Lange, der var elev i Sorø, skrev i 1836 at det i påskeferien var blevet bestemt at han skulle gå til landvæsenet eller forstvæsenet; han havde valgt det første og havde anskaffet sig „flere prægtige engelske Bøger og havde begyndt siden Ferien rigtig at studere det engelske Sprog". Da der så kom kontraordre om at han skulle fortsætte studeringerne, måtte han „lade alt det engelske fare".[143]

Men selv i skoler der lagde vægt på realfagene og på at tilbyde eleverne en alsidig undervisning, havde matematik og andre realfag stadig svært ved at blive helt og fuldt accepteret som almendannende fag. Det fremgår af det skrift som her skal præsenteres. Dets forfattere diskuterer sjældent detaljeret og eksplicit de forskellige fags fortrin og fejl i forhold til almendannelsen og giver derved et indtryk af den beskedne rolle de nyere sprog, og herunder især engelsk, selv i bedste fald var tiltænkt.

De to bestyrere af det meget ansete private v. Westenske Institut i København, K.C. Nielsen og V.A. Borgen, udsendte i 1833 en orientering om den nyordning de planlagde af instituttets undervisning, rettet til „Disciplenes Forældre og andre Skolens Velyndere".[144] Instituttet udbød både lærd og realundervisning, men hvad bestyrerne betragtede som skolens fornemste fag, lod skriftets første linjer ingen tvivl om. Der gives her en kort, koncis version af formaldannelsesargumentet:[145]

> Den Opgave, som Pædagogiken har at löse, er efter vor Overbeviisning: at bevirke den meest harmoniske Uddannelse af den menneskelige Aands forskjellige Evner. Det fortrinligste Middel hertil maa være det, som paa samme Tid meest sysselsætter alle Sjelekræfterne, meest an-

strænger, över, udvikler dem alle. Som et saadant betragte vi især Sprogunderviisningen; og af de forskjellige Sprog synes især de gamle classiske, og af disse igjen det latinske Sprog at burde have Fortrinnet. Det ... er nemlig formedelst sin logiske Fuldendthed det virksomste Middel til at fastholde Opmærksomheden, styrke Hukommelsen, öve Tænkekraften og skærpe Dömmekraften.[146]

Dette kunne nu synes at overflødiggøre alle andre fag; men selv om man i de klassiske sprog havde det bedste og mest alsidige åndelige dannelsesmiddel, fulgte ikke deraf at det også var det eneste: „Tvertimod, vi hade al Eensidighed – thi den fordærver selv det Bedste – og ville samvittighedsfuldt benytte enhver Leilighed til at fremme Ungdomens flersidige Dannelse". Altså blev der givet en gennemgang af de øvrige fag. Her var det forfatterne om at gøre, på den ene side at påpege at disse fag ikke kunne danne sjælekræfterne så godt som de gamle sprog, på den anden side at fremhæve hvor værdifulde fagene alligevel var og hvor godt der ville blive undervist i dem.

Hvad matematik angik, indrømmede Nielsen og Borgen således at det var „et fortrinligt Middel til at øve Tænkekraften og skærpe Dømmekraften", men dog på en anden og mere ensidig måde end sprogene. For handelsklasserne havde det afgørende betydning; de havde jo ikke latin, og kunne i øvrigt få praktisk nytte af matematik i deres erhverv. Også for de studerende hørte faget imidlertid med til „fuldstændig Aandsdannelse":

Sproget indfører os i Aandens Verden, Mathematiken i Sandsernes; hiint lærer os at kjende Loven for Tankernes, denne Lovene for Legemernes gjensidige Forhold. Øvelse i streng-regelret mathematisk Tænkning maa virke gavnligt til at skjænke Aanden den rolige Besindighed, der ei tillader noget Spring i Tankegangen, men bringer Klarhed og Sikkerhed saavel i alle videnskabelige Sysler, som i Menneskets aandelige Virken.[147]

Åndens verden stod selvsagt over sansernes, og dermed de klassiske sprog over matematikken; men kunne denne bidrage til klarhed og besindighed, samt forhindre spring i tankegang (og måske revolutioner i samfundsudviklingen), havde faget sin plads.

Naturvidenskabernes dannelsesværdi var kort forinden blevet hævdet af H.C. Ørsted i den tale han holdt ved Polyteknisk Læreanstalts åbning 1829,[148] og af den nationalliberale politiker (og botanikprofessor) J.F. Schouw i det af ham redigerede Dansk Ugeskrift.[149] Ifølge Nielsen og Borgen var naturfag derimod egentlig overflødigt, eftersom

> den, der har faaet en grundig lærd Opdragelse, har erhvervet sig en saadan Grad af Læreevne og Lærebegjerlighed, at saavel Fabrikationen af en Knappenaal, som den mægtig-virkende Dampmaskine ... det majestætiske Tordenvejr og det glimrende blussende Nordlys tiltrækker sig hans opmærksomhed, og ansporer hans Forskelyst ...[150]

Den klassisk dannede vil kunne se sammenhænge som må forblive skjult for den fagkyndige men udannede empiriker. Da imidlertid erfaringen viser at man som ældre nødig går i gang med noget nyt, betragter de fleste lærde „Naturvidenskabernes Gebeet som et terra incognita, hvortil de ej ville vove at gjøre Opdagelsesreiser". Derfor bør også de studerende få en introduktion, så de „i en modnere Alder selv kunne vandre i de Tempelgange af Naturens yndige Helligdom" der måtte interessere dem. Derfor vil instituttet give undervisning i naturhistorie, elementær fysik, matematisk og fysisk geografi „samt saa meget af Astronomien, at den stjerneklare Himmelhvælving ikke skal være dem en aldeles uforklarlig Gaade".

Heller ikke historien kan accepteres som substitut for sprogene. Eleverne er ikke modne nok til at forstå hvad det er for kræfter der driver de historiske personer; og det er ikke muligt at udvikle disciplenes sjælekræfter lige så effektivt: „En eneste Sætning linguistisk gjennemgaaet skaffer langt mere alsidig Aandsøvelse, end en vidtløftig Fortælling".[151]

Men hertil duer de nyere sprog kun delvis. Dansk er selvfølgelig centralt på de nederste klassetrin, og eleverne skal også senere dels lære at udtrykke deres tanker korrekt og smukt på modersmålet, dels læse så meget som muligt af den nationale litteratur. Til gengæld ligger det som skriftet kalder „de sædvanlige levende Sprog" desværre så tæt op ad hinanden (og ad dansk), at det er for let „at oversætte temmeligen rigtigt af et fremmed levende Sprog i Modersmaalet uden at have synderlig Indsigt i nogen af begges Grammatik" – modsat latin, hvis komplicerede grammatik og brug af endelser tvinger eleven til den grundigste opmærksomhed og derigennem danner hans ånd „i alle Retninger".[152] Helst burde latin altså anvendes overalt, også i de „ustuderende" klasser, men

> da dette Ønske vel ej nu lader sig realisere, saa maae ogsaa vi lade os nøje med, i de saakaldte Handelsklasser at drive paa en grundig Undervisning i de levende Sprogs Grammatik, og navnligen paa den tydske, der formedelst dette Tungemaals i formel Henseende saa fuldstændige Uddannelse [dvs. udvikling] forekommer os at være meest skikket til dette Øiemed.[153]

Også her ændres tonen senere i skriftet. Hvad de studerende angik, ville de komme til at lære mere tysk og fransk end eksamensfordringerne krævede, idet der skulle drives både tale- og skriveøvelser. Derudover lod man også de studerende lære engelsk og sågar italiensk,[154] skønt de ikke var eksamensfag, dels for at få en mere flersidig åndsdannelse, dels for „de herlige og rige Literaturers Skyld, til hvis Skatte disse Tungemaal give os Adgang". Af hensyn til den vanskelige udtale havde man engelsk i de 4 øverste klasser (med i alt 5 ugetimer). I skolens program for 1844-5 og 1845-6 blev engelsk imidlertid skåret ned til 2 ugetimer i ét år. „Sprogets litterære Betydning afholdt mig fra aldeles at bortvise det fra de studerede Klassers Timetabel", skrev bestyreren, og hensigten med det ene år var da at „bibringe Udtalen, Færdighed i Formlæren og ved kursorisk Læsning saamegen Øvelse i dens Anvendelse, at en fortsat privat Uddannelse i Sproget ikke vilde frembyde nogen Vanskelighed".[155] I 1846-7 forsvandt engelsk imidlertid fra de studerende klassers skema på v. Westens institut, som følge af den omlægning af den lærde undervisning der lå i den provisoriske plan af 1845 – forløberen for loven af 1850.

Hvor v. Westen fra 1833 til 1846 havde haft engelsk også for de studerende klasser, men lod det glide ud da der efter 1845/50 kom skærpede krav i andre fag (som fx matematik), valgte Vestre Borgerdyd en anden vej.[156] I 1830, kort efter at N.B. Krarup havde overtaget skolen, igangsatte han et storstilet forsøg som skulle vise om undervisning i de nyere sprog kunne erstatte den i græsk og latin, eller som det karakteristisk hed „hvorvidt hiin kunde give Dannelsen det samme classiske Præg som denne". Forsøget gik ud på at de to øverste realklasser omdannedes til henholdsvis en „fransk" og en „engelsk" klasse, idet disse sprog fik tildelt et stort timetal „og Underviisningen i de fleste andre Fag gjennemförtes paa disse fremmede Tungemaal". Det kan næppe overraske at dette eksperiment „erkjendtes snart, af Lærere og Disciple enstemmigt, for upracticabelt og opgaves".[157]

I 1841 var skolens undervisningsplan mindre ambitiøs. De studerende klasser havde af de moderne sprog tysk og fransk; kun realisterne havde også engelsk. Her blev sprogene talt i timerne. I tysk skete dette lige fra nederste realklasse til den studerende afgangsklasse „ligesom [eleverne] ogsaa opmuntres til at udtrykke sig i dette Sprog"; og i hvert fald i øverste realklasse talte man „bestandig Engelsk med Disciplene".[158]

I 1850'erne trodsede den nye bestyrer Martin Hammerich den herskende tendens og genindførte engelsk som fag i de to fællesklasser før eleverne blev delt i studerende og realister. Hammerich begrundede undervisningen (og dens begrænsning) som følger:

> Uagtet Engelsk ikke er optaget i den af det Offentlige anordnede Underviisningsplan for Studerende, læses det her i Skolen i de to Fælledsclasser, for nogenlunde at forebygge den Skyhed for det Fremmede i Udtale og Sprogform, der, som Erfaring viser, udelukker saagodtsom hele vor akademiske Ungdom fra den engelske Litteratur. At føre Underviisningen op i de høiere studerende Classer indtil Afgangsprøven vil have overveiende Vanskeligheder, saalænge Fordringerne i de andre Fag, navnlig Tydsk, ere stillede som hidtil.[159]

Den klassiske dannelse og dens kritikere
Når det var så vanskeligt at vinde gehør for realfagenes og især de nyere sprogs betydning, skyldtes det især to faktorer. For det første havde stort set alle eksperter og beslutningstagere selv gået i den lærde skole og havde tilegnet sig en klas-

sisk dannelse som gav dem en række kulturelle og materielle fortrin i samfundet. Det var her ikke anderledes end i Norge, hvor Venstre-politikeren Johan Sverdrup i 1869 kun tøvende fremsatte sit forslag om en gymnasielinje uden latin, for „naar man rørte ved Latinen, kom en makedonisk Falanx og en romersk Legion saaledes anstigende, at man nok maatte have Betænkelighed ved at stille sig mod dem".[160] Men for det andet havde kritikerne af „klassikervældet" meget forskellige, og langt hen ad vejen uforenelige, ideer om hvad der skulle sættes i stedet. Groft sagt kan man skelne mellem tre linjer i oppositionen: den grundtvigske, den realistiske og den nationale.

Mest radikal var den grundtvigske linje.[161] Grundtvig var ikke kun modstander af latinskolen, men også af realskolen. Det var ikke bedre at eleverne nu skulle lære matematik, nyere sprog etc. Det ville stille dem lige så fremmed over for folkelivet som den lærde skoles pensum. Grundtvig indrømmer at „ved en folkelig og borgerlig Høiskole ... burde, saavidt muligt, findes Leilighed til at lære baade fremmede Sprog, Mathematik, Historie", men det måtte være sekundært i forhold til oplysning på modersmålet om „Folkenaturen, Statsforfatningen og Fædernelandet". Især den abstrakte matematik bød Grundtvig imod, og i sit skrift *Skolen for Livet* (1838) mente han at de lærde ville gøre verden en tjeneste

> naar de stiftede en „lærd Republik" i Ny Syd-Wales, eller hvor der ellers er Rum nok, og der enten gjorde Latinen til Modersmaal eller skabte et Universal-Sprog, hvori de med Skibs-Leilighed meddelte Verden deres Opdagelser, det være sig enten i den latinske Grammatik eller den rene Mathematik eller midt imellem.

Da Grundtvig hørte at man på Søkadetakademiet havde indført et pensum på 12.000 engelske og franske gloser, rasede han mod den forestilling at „jo flere Sprog, man radbrækker, des mægtigere bliver man Modersmaalet og des dyrebarere for Fædernelandet"; og han beklagede 1842 at oplysningen i hovedstaden var latinsk, fransk, tysk og italiensk, men ikke dansk (og altså heller ikke engelsk).[162] For Grundtvig var en dansk højskole så vigtig at han kun gik ind i debatten om realundervisningen fordi han frygtede at realskoler skulle komme til at hindre opkomsten af højskoler. Historikeren Kai Hørby konkluderede at „denne bevidste placering af højskoletanken lige langt fra latinskolen og realskolen er sikkert tillige forklaringen på dens nederlag".[163] Grundtvigs plan om en højskole i Sorø faldt med Christian 8.s død i 1848.

Den realistiske linje fik et gennembrud da stænderforsamlingen i Roskilde (senere bakket op af den i Viborg) med juristen Tage Algreen-Ussing som talsmand i 1835 anmodede kongen om at fremme realundervisningen. Det moderne industrialiserende samfund og de nye politiske forhold krævede det. „Aarstal og mythologiske Navne, døde Kongerækker" skulle ud til fordel for grundige kundskaber i matematik, geografi og naturhistorie. Jernbaner og dampskibe havde rykket nationerne nærmere, og der var brug for en undervisning der passede middelstanden snarere end embedsaristokratiet.[164] Men kravet var også kommet udefra i en række artikler og pjecer, vigtigst købmanden Knud Gads *Hvor skal jeg sætte min Søn i Skole?* (1833).

Resultatet blev indførelsen af almindelig forberedelseseksamen i 1838 og oprettelsen af en „videnskabelig realskole" i Århus i 1839 (der lukkede i 1853 uden at have dimitteret en eneste elev). „Handelsklasser" blev omdøbt til realklasser. Samtidig blev en række mindre latinskoler nedlagt og realskoler oprettet i stedet, og realklasser blev indført på de fleste lærde skoler. Problemet var at skolerne først i 1855 fik mulighed for selv at afholde realeksamen, og at man havde fået konstrueret et byzantinsk system med en højere og lavere almindelig forberedelseseksamen samt en højere og lavere realeksamen. Først da dette blev forenklet i 1881, kom realskolernes gennembrud.

De nyere sprog stod ikke i centrum i debatten omkring 1840, som mest gik på om man skulle undervise i „videnskabelige fag" som matematik, geografi og naturhistorie, eller i „praktiske fag" som bogholderi, handelsregning etc. Skulle realskolen være en alternativ almendannelse, eller en fagskole? Her kom sprogene i klemme. Selv Knud Gad, der i 1833 i sin bog havde set de nyere sprog som en del af realdannelsen, modsatte sig i 1841 som skolerådsmedlem i sin hjemby Helsingør at de fik for megen plads på læseplanen.[165] Og da de endelig blev indført, blev de i høj grad drevet som discountudgaver af den lærde skoles undervisning med vægt på grammatikterperi og læsning af (let) litteratur. Noget særlig sigte på de realstuderendes kommende leveveje tog man ikke.

Oprettelsen af Den polytekniske Læreanstalt i 1829 og Den militære Højskole i 1830 etablerede et alternativ til universitetet. De to institutioner sendte krav om især mere og bedre matematikundervisning ned gennem systemet; den logiske konsekvens blev oprettelsen af den matematiske linje i gymnasiet i 1871, selv om man også kunne tage realeksamen og Polyteknisk Læreanstalts egen adgangsprøve.[166] Mht. sprog kan det bemærkes at H.C. Ørsted 1837 vendte sig mod den videnskabelige brug af latin; ved indførelsen af almindelig forberedelseseksamen blev det som nævnt skønnet at fransk var det vigtigste sprog for polyteknikere.

Endelig var der, ved siden af den grundtvigske og den realistiske retning, det man kunne kalde den nationale retning. I

1739 og igen i 1775 var vigtigheden af modersmålet også i latinskolen blevet indskærpet. Dansk blev gennem bevidst sprogpolitik gjort egnet som kulturelt og videnskabeligt medium. Lære- og læsebøger i dansk litteratur og historie blev indført i skolen, fra Ove Mallings *Store og gode Handlinger*, der endnu var forpligtet på helstatspatrotismen, over C.A. Thortsens *Historisk Oversigt over den danske Litteratur indtil Aar 1814* (1839) til skoleudgaven af C.F. Allens nationalliberale danmarkshistorie (1843).[167] I den provisoriske undervisningsplan af 1845 ligger danskfaget i nogen grad i forlængelse af den grammatisk-retoriske tradition, men desuden

> maae Disciplene gjøres bekjendte med Fædrelandets skjønne Litteratur, deels ved at erholde en Oversigt over den danske Litteratur og deels ved at enkelte classiske Værker gjennemgaaes med dem paa Skolen, og de i al Fald idelig opmuntres og anvises til at læse vore bedste Forfatteres Skrifter.[168]

Denne nationale afbalancering af de klassiske sprog var ikke til gavn for de nyere sprog, som i modsætning til latin og græsk blev mistænkt for at undergrave danskheden.

1850-loven bliver til

På denne baggrund skulle en 1844 nedsat kommission fremkomme med forslag til den lærde skoles reform, som allerede i en årrække havde optaget Direktionen for de lærde Skoler. Det skete dels på baggrund af den ovenfor opridsede debat, dels ud fra de erfaringer man havde indhentet fra andre landes skolesystemer – især de tyske staters – som beskrevet i skolemanden C.F. Ingerslevs rapport fra en studierejse i

1838-9 til forskellige tyske stater og Frankrig (1841).[169] Organisatorisk ville man henlægge studentereksamen, herunder den såkaldte „Anden Examen", til skolerne i stedet for universitetet (med undtagelse af en ny filosofisk prøve, „filosofikum"). Eksamen skulle reducere det udenadslærte kundskabsstof og efter preussisk forbillede blive mere af en modenhedsprøve. Planen blev fra 1845 afprøvet i Odense, Kolding og ved Metropolitanskolen.

Med hensyn til fagplanen måtte man finde plads til realfagene, men uden at skære synderligt i de gamle sprog. I bemærkningerne til 1845-planen hed det at „den logiske Forøvelse, som er absolut fornøden til enhver videnskabelig Erkjendelse, og til overhovedet med klart Overblik at behandle en hvilkensomhelst Gjenstand" bedst kunne erhverves gennem sprogundervisning. Men som formalt dannelsesmiddel duede modersmålet ikke; kun ved at lære fremmedsprog blev eleven tvunget til det rette mål af eftertanke. Og her var det et problem at de nyere sprog var under stadig forandring; derimod gjorde de klassiske sprogs „fuldendte Udvikling, og i Besynderlighed det latinske Sprogs Præcision og Regelmæssighed" dem bedst egnede til at „befordre Aandens Udvikling".

Imidlertid var det klart at latinen i mange nye videnskabsfag ikke kunne „yde det fornødne Stof af Tanke- og Ordforraad til en let, levende og bevægelig Behandling". De moderne sprog blev brugt mere og mere, fordi de „føles ene fuldstændigen at kunne byde Udtryk for litterair Meddelelse efter Videnskabens Opsving i det sidste Aarhundrede" (altså fra ca. 1750.) Derfor måtte disse sprog såvel som dansk indrømmes mere plads.

Dernæst var man kommet til den konklusion at det var mindre hensigtsmæssigt at anvende latin som første sprog og praktisk talt fra første klasse i den lærde skole. Man foreslog at begynde med dansk, for derpå hurtigt at tage fat på et fremmedsprog der lå dansk mindre fjernt end latin; valget faldt på tysk, der på den ene side tvang til eftertanke på grund af dets forskellighed, men på den anden side ikke var så fremmed som latin og derfor kunne bidrage til en hurtigere indprentning af grammatikken.

Man afviste betænkeligheder i retning af at der ikke var tilstrækkelig kvalificerede lærere eller egnede lærebøger i de moderne sprog. Det færre antal latintimer ville blive opvejet af at eleverne var så meget mere modne og allerede havde lært de sproglige begyndelsesgrunde, og ved at udskyde latin i de lavere klasser kunne man udbyde en undervisning „der var lige passende som Grundvold for den reale og den lærde Dannelse".[170]

Men tilbage stod spørgsmålet om hvilke nyere sprog der skulle optages. Her havde meningerne i de af kommissionen indhentede udtalelser været meget divergerende. Det var ganske vist ønskeligt at

> alle tre Sprog skulle læres paa Grund af de tre Litteraturers eiendommelige og forskjellige Fortrin, og for at imødekomme og understøtte den ønskelige og i de senere Aar begyndte Tendens til, at den hidtil alt for eensidige og udelukkende Interesse for den tydske Litteratur kan rettes ved at lette Adgang til alle tre Litteraturer, dog saaledes at Underviisningen i Engelsk blot beregnes paa at gjøre Litteraturen tilgængelig.[171]

Men fandt man at tre sprog var for meget – og frygten for at overanstrenge disciplene var udbredt – var det i reglen engelsk man bedst mente at kunne undvære eller gøre valgfrit. Kun rektor Henrichsen i Odense udtalte sig til fordel for engelsk som obligatorisk fag, omend med begrænset timetal:

"Dette Sprogs Litteratur er saa rig og herlig, at Skolen bør aabne Disciplen Adgang dertil ved i det mindste at give ham Leilighed til at lære saa meget af Sproget, at han kan forstaae en ikke altfor vanskelig engelsk Bog".[172] Men direktionen konkluderede, med en formulering, som ofte skulle blive gentaget i visse variationer, at „Enhver, som føler Lyst og Trang dertil, og som kan finde Leilighed dertil i en senere Livsstilling" også let ville kunne tilegne sig det nødvendige kendskab til sproget.[173]

Denne beslutning gik igen i loven af 1850. Dermed var engelsk reelt fjernet fra den lærde skole. Der var vel i princippet ikke noget i vejen for at faget fortsat kunne udbydes af en interesseret lærer; det gjorde således Shakespeare-oversætteren Edvard Lembcke i Haderslev.[174] Men det store fagpres, som 1850'ernes lempelser af eksamensbestemmelserne kun delvist formåede at lette, førte til en marginalisering af faget. Selv på Metropolitanskolen forsvandt faget fra timeplanen, hvor det ellers – omend med afbrydelser – havde været at finde siden 1812.

1860-1890: Almendannelsen splittes op

Loven af 1850 havde med besvær holdt sammen på det almendannende gymnasium. Dansk, som siden 1809 for alvor havde fået borgerret i den lærde skole, fik fra 1830'erne sin position befæstet af den gryende nationalisme; det blev nu et uomgængeligt krav at disciplene kunne skrive deres modersmål og kendte den danske litteratur(historie). Matematik og naturfag blev i 1850 endeligt accepteret som åndsfag, ikke mindst takket være Ørsteds og Schouws argumenter for deres intellektuelle kvalitet, selv om det ikke skadede at man samtidig kunne henvise til den rolle som matematikken havde spillet i den græsk kultur. For latin og græsk var fortsat den lærde skoles altdominerende fag, selv om latin af pædagogiske grunde nu blev påbegyndt lidt senere i forløbet. Skulle de læres – og det var der endnu i 1850 ingen der seriøst betvivlede – krævede de imidlertid et meget stort timetal, samtidig med at der skulle skaffes plads til dansk, matematik og naturfag.

Reelt var der kun to muligheder for en holdbar løsning. Den ene var at udvide gymnasiet fra 8 til 9 år, og det var da også under denne forudsætning at man udvidede fagkredsen; men da det så viste sig politisk umuligt at få udvidelsen igennem, måtte man presse det udvidede pensum sammen på de otte år. Denne løsning førte imidlertid til overanstrengelse af eleverne, der typisk havde 38 ugentlige timer. Dertil kom at realfagene trods alt stadig spillede en sekundær rolle. På den 8-årige sproglige linje var af de i alt 297 ugetimer 91 afsat til græsk, latin og hebraisk mod kun 39 til matematik og fysik og 34 til nyere sprog – fordelt på 20 i tysk, 14 i fransk og 0 i engelsk. Sammenlignet hermed havde den 6-årige reallinje (uden klassiske sprog) i alt 205 ugetimer, hvoraf 37 i matematik og fysik og 55 i nyere sprog (tysk 22, fransk 19, engelsk 14).

Den anden var at dele skolen i to eller flere retninger, og det blev hurtigt klart at det kun var et spørgsmål om tid før dette blev nødvendigt. Men blandt politikere og skolefolk var der en udbredt fornemmelse af at ægte dannelse var udelelig, og at dette var uforeneligt med en grendeling. Dette synspunkt forsvandt i øvrigt ingenlunde efter at man i 1871 havde kapituleret for fagpresset og delt gymnasiet i en sproglig og matematisk gren. Der kom adskillige forslag om at genindføre et udelt gymnasium, med et nødvendigvis reduceret timetal for de klassiske sprog. Der meldte sig dog også fortalere for en „tredje retning", fra Venstres forslag om en „nordisk-historisk" retning i 1870 til den nysproglige gren i

1903. De to uforenelige, og hver for sig uspiselige, alternativer lettede forsvaret af status quo.

I 1871 blev undervisningsplaner ændret fra at være et administrativt anliggende til at blive et lovgivningsspørgsmål. 1850-loven hvilede på en kgl. anordning og bekendtgørelse fra enevældens tid, hvad der havde foranlediget Grundtvig til i folketinget at spørge Madvig om hvor grænsen her gik mellem lovgivning og administration. Madvig svarede at den lovgivende magt måtte forbeholde sig de principielle spørgsmål „og de Bestemmelser for Udførelsen, som væsentlig betinger Princippernes Gennemførelse".[175] Imidlertid var det allerede o. 1860 blevet et Venstre-krav at rigsdagen skulle fastlægge undervisningsplanens „Hovedgrundsætninger", og dette accepterede kultusminister Hall som et vilkår da han fremlagde 1871-loven. Dermed blev spørgsmålet om reformer af den højere almenskole inddraget i den politiske kamp mellem Højre og Venstre, og det betød igen at udsigten til at få gennemført ændringer var ringe i de tredive år frem til systemskiftet.

Den lærde skole stod centralt i den ideologiske strid, fordi det var her statens embedsmænd blev udklækket. Venstre ønskede den ændret i realistisk og demokratisk retning, Højre så den omvendt som et værn mod samfundets intellektuelle og politiske nivellering. Som den nationalliberale C. St. A. Bille sagde under en debat i 1862, skulle det ikke undre ham om der „i denne fjendtlige Stemning mod klassisk Dannelse skjuler sig et Nag mod det, man herhjemme kalder Bureaukratiet, Embedslauget, det lærde Laugsparti". Det benægtede Venstre ingenlunde. Højskoleforstander Sofus Høgsbro var godt nok skuffet da forslaget om den nordisk-historiske retning faldt i 1871, men ikke overrasket over at de nationalliberale havde stemt imod; partiet havde jo netop „sin Hovedstyrke i den af den lærde Skole- og Universitetsdannelse udgaaede Embedsstand, kæmpede jo her paa en Maade for Arne og Hjem".[176]

Samtidig var det dog vanskeligt for Venstre at formulere et enigt alternativ, fordi partiet var splittet. Det var J.A. Hansens fløj der ved at erklære spørgsmålet om latinskolen for ligegyldigt, reelt sikrede 1871-lovens gennemførelse uden den „nordisk-historiske" retning som partiets grundtvigianere havde kæmpet for.

Det var langt fra sådan at Højre, som blev de nationalliberales arvtagere, modsatte sig reformer på skoleområdet. Kultusminister Jacob Scavenius prøvede både i 1882 og 1885 at komme igennem med et forslag der genoprettede de to nederste klasser i latinskolen, fjernede eller modificerede grendelingen og lagde større vægt på praktiske elementer i uddannelsen, hvorved han håbede at latinskolens elever ville indse „at der ved Siden af Studeringerne gives andre Beskæftigelser, som fortjene at optage et Menneskes Tid, og som stille Fordringer til Indsigt og Eftertanke, ligesaavel som Bogstudier". På samme måde var han og andre af Højres skolefolk indstillet på at få etableret en forbindelse mellem almue- og latinskolen. Men han ville ikke give afkald på en grundig latinundervisning som skolens grundvold, og det betragtede Venstre som et forsøg på at bevare den reaktionære embedsideologi og at „drage Ungdommen bort fra Tidens store Spørgsmaal [og] Bestræbelserne for at tilvejebringe en retfærdigere Samfundsordning". Derfor kom man ingen vegne politisk. 1882-forslaget blev syltet i et udvalg, 1885-forslaget kom ikke engang frem til første behandling.[177]

Den politiske blokade betød dog ikke stop for reformtankerne, blot at disse nu måtte gennemføres på anden måde. I flere tilfælde benyttede regeringen sig således af administrative tiltag for at kompensere for de strandede lovforslag. I 1881 blev således fire forskellige eksaminer (realeksamen og alm. forberedelseseksamen af hhv. højere og lavere grad) slået sammen til én såkaldt præliminæreksamen, hvad der som nævnt skulle betyde et afgørende gennembrud for realundervisningen i Danmark. Året efter genindførte Scavenius (ved en kgl. anordning af 16. juni 1882) indirekte de to nederste latinskoleklasser fra det syltede lovforslag ved at tillade at man ved optagelsen på statsskolerne favoriserede elever fra private forberedelsesklasser, hvis disse stod under tilsyn af den lokale rektor.[178]

Samtidig betød det politiske tomrum at skolens folk fik større indflydelse på udformningen af undervisningsplanerne. Det var kutyme at de blev konsulteret af ministeriet gennem undervisningsinspektionen når der var optræk til større ændringer. Det skete fx efter at den udbredte utilfredshed med „fagtrængslen" og arbejdsbyrden i latinskolen gav sig udslag i en adresse med 705 underskrifter til ministeriet i december 1860 og i udgivelsen af en lang række pjecer om skolens problemer – en snes stykker alene i 1860-61. I de følgende år blev der ført omfattede forhandlinger mellem kultusministeren (Monrad) og undervisningsinspektøren (Madvig) på den ene side, og skolernes rektorer, bestyrere og lærerkorps på den anden, og materialet blev brugt som beslutningsgrundlag for bekendtgørelsen af 30. november 1864, hvormed man pga. de storpolitiske begivenheder i første omgang måtte lade det bero.[179]

Engelsk blev ved denne bekendtgørelse indført som valgfrit fag med 2 timer ugentligt i de to øverste klasser for „de Disciple, som attraa det".[180] Det var ikke som følge af noget massivt pres fra skolen, selv om flere debatpjecer havde lagt op til at prioritere engelsk over tysk.[181] Madvig mente imidlertid at tysk fortsat burde være det første og vigtigste af de levende sprog: „Uagtet han ikke miskjendte Betydningen af engelsk Dannelse og Litteratur, mente han dog, at vort hele

Forhold til England ikke var, med Undtagelse af Handelsverdenen, et saadant der lagde os det engelske Sprog nær paa det første Dannelsestrin". De elever der havde lyst, burde have mulighed for at „lære saa meget Engelsk, at de siden let kunde erhverve større Færdighed i at læse det". Dertil måtte to timer om ugen i den to-årige 7. klasse være nok.[182]

Da ministeriet i 1870 tog sagen op igen med henblik på en egentlig lov, konsulterede det udover Madvig kun nogle få udvalgte rektorer og bestyrere før det fremlagde forslaget om delingen i en sproglig og en matematisk gren. I folketinget fremsatte Venstre så sit ændringsforslag om en „nordisk-historisk" linje, hvor det i øvrigt var tanken at hver gren skulle have sin specifikke kombination af nyere sprog: den klassisksproglige tysk og fransk, den matematiske engelsk og fransk og „den historiske og nordisk-sproglige Skole" engelsk og tysk.[183] Det kom til en heftig debat, som også trængte ud i offentligheden. Digteren Christian Richardt kunne således i en hyldest til Gyldendal i anledning af 100-års jubilæet 1870 hentyde til striden da han roste forlagets evne til at udgive meget forskellige forfattere og bøger: „Her staar en Morsom i Favn af en Kjedelig, / her er Physiken med Præd'kenen Du's; / her staar Latinen hos Islandsken fredelig, / Snorre sig helder til Madvigius!"[184] Men forslaget faldt og efterlod sig kun det spor at oldnordisk blev en del af danskfaget indtil 1935.

Med loven af 1. april 1871 blev fransk gymnasiets hovedsprog, der over de nu seks klasser fik i alt 16, senere 18 ugetimer. Tysk fik 8 ugetimer i de fire underste klasser, mens eleverne i 5. og 6. klasse kunne vælge mellem engelsk og (fortsat) tysk. Fransks særstilling blev yderligere markeret ved indførelsen af fransk stil ved studentereksamen – ved en lapsus, som man åbenbart ikke turde udbedre administrativt, dog kun for den sproglige retning, ikke for matematikerne, selv om de to linjers timetal og pensum i fransk var nøjagtig ens.

Der er blevet fremsat mange spekulationer om de eventuelle nationale, anti-tyske motiver i denne prioritering af fransk. Pointen er vel at de almindeligt anførte saglige argumenter – fransk var det førende verdenssprog, tysk kunne efter helstatens opløsning ikke siges at spille den samme rolle for Danmark – var forenelige med den anti-tyske stemning efter 1864. Madvig udtalte selv at han havde insisteret på den franske stil af pædagogiske grunde, nemlig som erstatning for den afskaffede latinske stil, og var i øvrigt bekymret over hvad der ville ske med elevernes tyskkundskaber hvis de ved at vælge engelsk i V.-VI. klasse kom ud med kun 4 års tysk.

Madvig betonede at hverken den franske stil, eller det faktum at fransk ligesom græsk og historie talte dobbelt ved eksamen, var udtryk for en speciel opprioritering af sproget; det var blot nødvendigt, fordi sproget lå os så fjernt. Eleverne skulle lære at læse fransk prosa og få lagt en grund så de senere om nødvendigt kunne lære at tale og skrive det, men et „Hoved- eller Centralfag kan det franske Sprog med sin vor Folkelighed fjernere, fra romersk-katholsk Grundlag udgaaede, af Rhetorik gjennemtrængte Literatur ikke blive".[185]

Der var dog nogen uklarhed om den præcise fordeling mellem de nyere sprog og om muligheden for at vælge mellem dem, for sagen omkring den franske stil var ikke det eneste eksempel på lovsjusk. Da ministeriet nemlig gik i gang med at udarbejde den kgl. anordning der skulle præcisere undervisningsplan, eksamenskrav osv., opdagede man en kedelig modsigelse i lovteksten. Det hed i § 5: „Efter Undervisningsministerens Bestemmelse kan et af de levende Sprog gjøres til et valgfrit Fag". Men i rundskrivelsen af 10. maj 1871 til den kommission af rektorer og professorer der sammen med ministeriet skulle udarbejde anordningen, indrømmede ministeriet at "efter den Stilling, der ved Lovens § 6 er foreskrevet det franske Sprog", kunne der ikke være tale om fritagelse for dette. Valget stod altså mellem engelsk og tysk, men "herved vilde det Valg anteciperes, som i Lovens § 6 henlægges til 5te og 6te Klasse". Da undervisning i alle tre sprog i de fire første klasser ville blive for ressourcekrævende, besluttede ministeriet at give afkald på sin valgfrihed og fastsætte at engelsk kun kunne vælges i de to øverste klasser – dog burde det efter ministeriets mening ikke være "forment Disciplene at læse baade Tysk og Engelsk, hvorfor dette ved Lektionsplanen bør gjøres muligt". Også denne fortolkning måtte man imidlertid efter nærmere overvejelse opgive, da den kolliderede med bestemmelserne om et maksimalt ugentligt timetal – det var jo bl.a. frygten for overlæsselse af eleverne der havde ført til grendelingen – og det blev da endelig i en rundskrivelse af 9. august 1871 præciseret at eleverne *ikke* kunne kræve at blive undervist i begge sprog.[186]

Resultatet blev altså at eleverne kunne vælge engelsk i stedet for tysk i V.-VI. klasse, og det gjorde de i stort tal – dog med geografiske og kronologiske variationer. I 1890 var der således i afgangsklasserne 277 der læste engelsk mod 116 tysk (2,4:1); i København var forholdet 2,7:1, udenfor hovedstaden var det 2:1. På 2 skoler (Roskilde og Randers) var der lige mange der valgte de to sprog; på 7 (Viborg, Fredericia og Kolding samt Schneekloth, Lyceum, Efterslægten og Ordrup af de københavnske) var der flest der læste tysk; resten, dvs. 21 af de 30, havde "engelsk" flertal.

Tager man en enkelt skole (katedralskolen i Nykøbing Falster) for at se på kronologiske udsving, viser det sig at der i 1871-lovens funktionstid, dvs. afgangseksaminerne 1875-1909, kun var flest dimittender med tysk i ét enkelt år, nemlig 1885 (og lige mange i fire andre år). Men et udpræget mønster tegner sig, nemlig en forskel mellem de to yderste tiårsperioder (1875-84, 1900-09) og de femten år derimellem (1885-99). I de to yderperioder var tallene hhv. 40/3 og 71/10; i mellemperioden derimod 75/37. Hvor altså indtil 1884 forholdet engelsk/tysk var ca. 13:1 og efter 1900 ca. 7:1, var det 2:1 for perioden 1885-99 (hvad der tilfældigvis svarer præcis til de ikke-københavnske latinskolers gennemsnitstal for 1890).[187]

Disse tal kan dog, hvor fristende det end ville være, næppe tolkes som udtryk for svingningerne i den danske holdning over for Tyskland og England. Selv om tallene skulle være repræsentative for hele landet, er de meget små – skolen i Nykøbing Falster dimitterede fra 1875 til 1909 mellem 3 og 12 studerende årligt – og vi ved så godt som ingenting om elevernes motiver og muligheder for at vælge. Der var skolefolk der mistænkte eleverne for at vælge engelsk for at slippe letter om ved eksamen. Kun for enkelte veldokumenterede personer som Johs. V. Jensen, der blev stillet over for valget mellem de to sprog i 1889, ved vi noget om hvad der gjorde udslaget.[188]

Hvad man kan konkludere er at en studerende med engelsk havde læst faget i kun to år, mod tysk i fire og fransk i seks. Selv om (mindst) 2/3 af de studerende skaffede sig dette grundlag, var deres engelskkundskaber dog brøstfældige, for den ofte luftede tanke om at de senere satte sig ned og lærte mere engelsk var ren utopi – det viste bl.a. forholdet mellem engelske og tyske bøger i Studenterforeningens og Studentersamfundets biblioteker.[189]

1890-1900: Pædagogisk debat, politisk stilstand

Endnu i rigsdagssamlingen 1889-90 havde kultusminister Jacob Scavenius gjort nok et forsøg på at slutte politisk forlig omkring skolen ved at ophæve grendelingen og afskaffe græsk. Hele apparatet blev sat i gang med henvendelser til undervisningsinspektion (der efter Madvigs afgang i 1874 var blevet et triumvirat), rektorer, skolebestyrere og universitetetet. Alle svarede beredvilligt; deres svar breder sig over næsten to hundrede sider i *Meddelelser angaaende de lærde Skoler*.[190] Men svarene divergerede forudsigeligt, og selv de tre undervisningsinspektører var uenige. Det endelige forslag, der blev vedtaget i 1892, beholdt græsk og modificerede todelingen uden at ophæve den. De nyere sprogs stilling blev ikke ændret.

Men nu var der kommet en ny aktør. De lærde Skolers Lærerforening var ikke den eneste organisation for underviserne – privatskolelærerne og statsskolelærerne havde således hver deres, og i 1918 oprettedes det der senere skulle blive til Dansk Magisterforening – men det var den bredest dækkende. Foreningen gennemgik to navneskifter, 1903 til Den højere Almenskoles Lærerforening og 1916 til Gymnasieskolernes Lærerforening (GL). Lærerforeningens medlemmer havde meget forskellige ansættelses- og lønforhold, og til at begynde med også stærkt varierende uddannelsesbaggrund, men med tiden blev den især præget af folk der havde bestået den 1883 indførte skoleembedseksamen.[191]

Lærerforeningen blev stiftet i maj 1890 og afholdt sit første møde i oktober 1891; møderne blev derefter afholdt i København i efterårsferien, principielt hvert år men med adskillige lakuner.[192] Mødeberetningerne blev udgivet efter stenografisk referat.[193]

På mødet i 1891 indledte skolebestyrer Niels Hjort en debat om de nyere sprogs stilling i den lærde skole.[194] Han åbnede pessimistisk med at pege på de enorme problemer enhver reform havde at kæmpe med. Lærerne var selv splittede – unge stod mod gamle, filologer mod matematikere – så man selv efter tyve års debat ikke kunne vente andet end at et rektormøde igen, ligesom i 1889, ville konkludere at man burde „udsætte en Reform af det lærde Skolevæsen indtil videre, for at Sagen kan blive fyldigere debatteret". Og på en måde kunne det også være det samme, for en reform der for at blive vedtaget skulle godkendes af rektorer, undervisningsinspektorat, universitet, ministerium, folketing og landsting, ville blive håbløst udvandet.

Men Hjort pegede samtidig på en mulig udvej. Man burde give en slags frimenighedslov, således at de private skoler (Hjorts egen sektor) fik lov til at gøre forsøg med en alternativ fag- og timeplan. For hvor rektorerne havde ment at det bestående var brugeligt, og at der blev arbejdet godt, mente Hjort at det forholdt sig lige omvendt, og med tydelig adresse til de klassiske sprog erklærede han: „Tankeevnen udvikles ved ethvert alvorligt aandeligt Arbejde. Man kan derfor uden Skade vælge Undervisningens Stof med Hensyn til det senere praktiske Livs Krav. Det er unødvendigt for Logikens Skyld at opsøge eller bibeholde Discipliner, der ligger Nutidens Liv fjernt".[195] I det hele taget skulle al udenadslæren væk og eleverne i stedet prøves i modenhed og færdigheder – herunder sprogfærdigheder.

Hjort var overbevist om den nye sprogundervisnings fortrin. Som medbestyrer af Frederiksberg Latin- og Realskole havde han et par år i forvejen ansat Otto Jespersen i engelsk og Chr. Sarauw i tysk for at vise at de nye principper, især brugen af lydskrift, ikke alene var praktisk gennemførlige, men også de ældre metoder klart overlegne. I 1871 havde matematik og naturvidenskab for alvor vundet indpas, nu var det de nyere sprogs tur; men for at kunne give en virkelig kvalificeret undervisning i de moderne sprog og deres litteraturer, måtte de klassiske sprogs dominans brydes. „Da der jo vanskelig vil blive Tale om at danne 3 Retninger, vil Kampen for de nyere Sprog blive ensbetydende med Kampen for Afskaffelse af Græsk og Indskrænkning af Latin ... Vejen for de nyere Sprog gaar over Latin og Græsk, der er Skolens Arvefjender".[196]

Kritikerne delte sig imidlertid i to grupper med diametralt modsatte løsningsforslag og gjorde derved endnu en gang opgaven lettere for tilhængerne af det bestående. Fortalerne for almendannelsen fandt at den matematiske linje var for meget „fagskole"; men for at komme tilbage til enhedsskolen, måtte man reducere de klassiske sprogs rolle, især græsks. Andre tog konsekvensen af den allerede gennemførte linjedeling og foreslog en „tredje retning", dvs. et nysprogligt gymnasium uden græsk og med et minimum af latin. Det var inden for denne ramme at diskussionen om indplaceringen af de moderne sprog i skolen tog sin begyndelse.

I skoledebatten var der flere, ikke nødvendigvis forenelige, argumenter for at prioritere et eller flere af de moderne sprog. Der var spørgsmålet om åndsværdien; kunne det/de pågældende sprog give eleverne den samme åndelige berigelse som græsk og latin? Dette spillede en afgørende rolle i gymnasiedebatten. I realskolen lagde man derimod vægt på det praktiske formål: at læse, forstå og tale, evt. også skrive sproget – selv om skeptikere også her talte om det håbløse i at arbejde fra dansk til fremmedsprog, hvad der kun kunne gavne „Tourister, Handelsrejsende og Udvandrere".[197] Det praktiske aspekt talte nærmest negativt i forhold til den lærde skole, hvor det at bibringe eleverne talefærdighed længe blev betragtet som i lige grad utopisk og overflødigt. At lære dem at „bestille en bøf og betale en bajer" – et ofte gentaget eksempel i debatten – kunne ikke være skolens opgave.

I løbet af debatten skete der dog en opblødning af denne forskel. For det første fik de moderne sprog større betydning i den videnskabelige litteratur som studenterne skulle læse på universitetet. For det andet valgte stadig flere studenter andre veje end universitetet. Kommunikation og handel krævede sprogkundskaber, og jo flere sprog jo flere danskere kunne, jo bedre; både før, under og efter 1. verdenskrig blev der lagt store planer for en global indsats af dansk erhvervsliv. Men var det den lærde skoles opgave at lære folk praktisk sprogfærdighed, og hvor mange sprog skulle man i givet fald satse på? Hvor de store lande kunne nøjes med to af hovedsprogene ud over modersmålet, skulle danskerne helst tilegne sig alle tre. Og for hver optimist der mente at eleverne i gymnasiet faktisk kunne nå frem til at „læse, forstaa og udtrykke sig mundtligt og skriftligt i de 3 fremmede Hovedsprog",[198] var der en pessimist der kaldte talefærdighed „ren Luxus, lige uforsvarlig fra praktisk og theoretisk Synspunkt" og mente at det var nok med læsefærdighed i to sprog og „dybere Indsigt i Litteratur og Kultur" i ét.[199]

Engelsk blev stadig regnet som det mindst vigtige af de tre nyere hovedsprog, og opfattelsen af engelsk som et blot og bart handelssprog holdt sig længe.[200] Det var, som universitetet havde sagt i 1845, ikke nødvendigt „som formalt Dannelsesmiddel". Men konsekvenserne af de politiske begivenheder i 1864 og 1870 skulle snart præge den danske debat. Man drog to konklusioner: at fransk havde tabt eller ville tabe sin stilling som verdenssprog, og at danskerne af nationale grunde måtte nedprioritere tysk. Begge dele skulle på længere sigt komme engelsk til gode. De fleste argumenter for en opprioritering af engelsk kan findes hos J.L. Ussings *De lærde Skolers Underviisningsplan og de levende Sprogs Stil-*

ling i samme (1864): danske studerende må ty til tyske oversættelser af engelske bøger, skønt England på mange måder er førende, bl.a. inden for historievidenskaben, og kender ikke den engelske litteratur, som ellers står over den tyske. Tysk var det naturlige førstesprog da den danske helstat var delvis tysk; nu vil både handelsmanden og den studerende have størst fordel af forbindelse med England. Ussing, der var professor i klassisk filologi og 1875-78 medlem af undervisningsinspektionen for de lærde skoler, foreslog at man i den lærde skole efterlignede realskolen og gjorde engelsk til hovedsprog.

Naturligvis forblev synspunktet ikke uimodsagt. For realskolens vedkommende advarede skolemanden Fr. Dahl mod at afskaffe noget af hovedsprogene; dels af hensyn til almendannelsen, dels af hensyn til de stillinger realister kunne søge (fx i postvæsenet) måtte fransk fastholdes: „De sproglige og kulturhistoriske Grunde, der i sin Tid satte dette Sprog ind i Realskolen, ere endnu fuldgyldige; Aaret 1870 har ikke svækket dem". Andre mente til gengæld at man måtte nøjes med to sprog, først tysk, der dels var bedst til grammatisk indlæring, dels „det Verdenssprog, vi have størst praktisk Anvendelse for"; men derefter måtte „vort Fædrelands Beliggenhed og Forbindelser" gøre det naturligt at vælge engelsk.[201]

For den lærde skole var det fremherskende argument endnu i 1880'erne at fransk havde „i vor Tid ganske ... taget den Plads, Latin tidligere indtog som Universalsprog i *Res publica literarum*".[202] På det 4. nordiske skolemøde i 1880 beklagede fransklæreren Arthur Abrahams at tysk var blevet trængt tilbage i gymnasiet af „nationale hensyn", der var pædagogikken uvedkommende. Det var og blev det sprog der havde størst betydning for Danmark, og derefter kom fransk som det anerkendte diplomatiske og videnskabelige sprog.[203]

Man havde hævdet at det øgede samkvem gjorde engelsk nødvendigt, men det kunne, mente Abrahams med et efterhånden velkendt argument, „i alt Fald kun gjælde for Handelsstanden".[204]

Også pigeskolens ledende folk blandede sig i debatten. „Fransk vil ingen mere velstaaende gjærne undvære", mente Natalie Zahle, og tysk var en nødvendighed; engelsk derimod var let at lære selv hvis man fik lidt elementærundervisning. Hun blev modsagt af Henriette Skram, som mente at i et lille land som Danmark havde både mere og mindre velstående behov for at lære noget af alle tre sprog, men bakket op af Marie Købke, der hævdede at havde unge mennesker i skolen lært to sprog, klarede de mageligt selv det tredje, således som mange fra hendes generation selv havde måttet lære engelsk.[205]

Synspunktet stod dog ikke uimodsagt. Det var måske rigtigt at med latin, tysk og fransk i bagagen kunne enhver med lethed lære sig at læse engelsk. „Men hvor mange gjør det?", spurgte adjunkt Frode Giersing i 1884 i polemik mod professor J.L. Heiberg – klassisk filolog og den konservative retnings bannerfører. „Sikkert ganske overordentlig faa; jeg hører ofte studerede Folk beklage, at de ikke have lært Engelsk i Skolen". Det var synd, for engelsk var „Bæreren af en rig og ejendommelig Litteratur", og i øvrigt måtte studerende beherske engelsk (ud over tysk og fransk), da deres lærebøger nu var på alle tre sprog.[206]

Men derudover kunne argumentet vendes om. I den ovenfor citerede pjece af Ussing fremhæver denne at erfaringer fra privatskoler med engelsk som hovedsprog viser „at der er intet, et dansk Barn lettere lærer", hvad der netop ville gøre det naturligt at begynde med dette og derefter gå videre til tysk, fransk og evt. de klassiske sprog.

Sprogfagene og Danmarks internationale placering
Det var sjældent man eksplicit diskuterede sammenhængen mellem proriteringen af sprogene og Danmarks kulturelle og politiske orientering. En markant undtagelse var politikeren og skolemanden Johan Ottosens indlæg i 1895 – åbent og provokerende kaldt „Nationale Synspunkter paa Sprogundervisningen". Han opfordrede til at man ved at opprioritere engelsk som fag åbnede op for denne forsømte kulturkreds:

> ... af de tre store Kultursprog, der naturlig paatvinge sig os, forsømme vi netop det Sprog, som blandt disse i Virkeligheden er et Verdenssprog ... Vi dyrke det i Realskolen, men forsømme det i den lærde Skole [fordi vi tror] at det engelske Sprog vel er godt nok til Forretningsfolk, godt nok til at sælge Smør og Flæsk paa, men uden Betydning for de Mennesker, som bevæge sig oppe paa Aandens Vidder ... Men naar vi se hen til vor Historie, har Modvægten mod den tyske Indflydelse været, foruden den nordiske, Luftningen Vest fra ... [Den engelsk-amerikanske ånd] er den Hovedfaktor i Paavirkningen vest fra, som vi i Nutiden skulle søge.[207]

Ottosen understregede dog at han samtidig ønskede en opprioritering af det nordiske (svensk og oldnordisk), ligeledes for at modvirke den tyske dominans.[208]

I 1904 bragte adjunkt Valdemar Østerberg (den senere Shakespeare-oversætter) det ømtålelige emne op igen i en diskussion af gymnasiernes valgfrihed mellem engelsk og tysk. Denne tanke bundede

> i en vis Meningsforskel om Sprogenes Betydning ... ikke blot inden for Kredsen af Sproglærere, hvis specielle Studier kan have bibragt dem en ganske naturlig Kærlighed

til og Tro paa deres Fag, men ogsaa i helt andre Kredse. Der tages ikke blot Hensyn til de to Sprogs respektive Værdifuldhed som Dannelsesgrundlag, men der tænkes ogsaa paa Nationens politiske Velfærd, idet der spørges, om det danske Folk skal ønske gennem sine højeste Undervisningsanstalter for Ungdommen at begunstige en aandelig Tilslutning enten til Tyskland eller til England. Her er et Spørgsmaal, som ikke nær er gennemdiskuteret. Men jeg mener, at en Diskussion herom snart vil melde sig som en Nødvendighed, medens man hidtil maaske i nogen Grad er gaaet uden om den.[209]

Men heller ikke denne gang var det noget man ønskede at tage op. En anden mødedeltager indvendte at „Udenomsbetragtninger, f.Eks. saadanne Ting som England som Marked for dansk Smør og Flæsk og Frisind i England og Reaktion i Tyskland, er noget, som Skolens Folk paa det bestemteste maa se at holde ude"; man skulle ikke arbejde for åndelig „tilslutning" til England eller Tyskland, men give eleverne kendskab til de positive sider ved begge kulturer. Efter alt at dømme dækkede dette flertallets opfattelse.[210]

Resultatet blev valgfrihed mellem engelsk og tysk som hovedfag, vel at mærke for skolerne, ikke for eleverne således som det i hvert fald formelt havde været tilfældet før 1903. Og de valgte helt overvejende engelsk – som nedenfor nævnt 37 ud af 44 i 1914. Undervisningsinspektør S.L. Tuxen talte på årsmødet 1916 ligefrem om den udbredte „anglomani" som havde afløst 90'ernes franskersnobberi.[211] Og som Østerberg sagde i en duplik: selv om lærerne ikke tog „uvedkommende" hensyn, så skulle der jo vælges, „og hvis nu f.Eks. det ene Sprog fortrinsvis bliver valgt over hele Landet, saa vil deraf følge en aandelig Tilslutning til Tyskland eller England".[212]

Engelskfaget og Otto Jespersen

Det var fremfor nogen anden Otto Jespersen der højnede engelskfagets status, således at det ved den nye reform 1903 blev betragtet som et undervisningsfag fuldt på højde med tysk og fransk – og, mere kontroversielt, med latin og græsk. Hans indsats faldt på flere områder. Jespersen deltog løbende i skoledebatten og var en regelmæssig gæst på årsmøderne i De lærde Skolers Lærerforening (som hans professorkolleger i tysk og fransk åbenbart ikke syntes det var værd at frekventere). Han var med til at organisere flere engelskkurser med deltagelse af indfødte briter, og var en flittig skribent i pressen. Her skrev han mest om undervisningsmetoder,[213] men nok så vigtigt var det at han energisk fremholdt engelsk som et sprog, en litteratur og kultur der var ligeværdig med, og i virkeligheden mere relevant og fremtidsrettet end tysk og fransk, for slet ikke at tale om græsk og latin. Endelig bidrog han, ved at producere tidssvarende undervisningsmaterialer af høj kvalitet for både mellemskole og gymnasium, til at tage vinden ud af den (langt hen ad vejen berettigede) kritik fra konservative skolemænd der gik på at de nyere sprog manglede de læsebøger og tekstudgaver, som græsk og latin kunne trække på. Et eksempel er hans *The England and America Reader*, der kom i adskillige udgaver fra 1903 og fremefter, og som i følge undervisningsinspektør Tuxen blev benyttet ved 24 af 44 gymnasier.[214]

Dertil kom det politiske aspekt. Jespersen tilhørte en relativt lille falanks af radikale universitetslærere, der havde kontakt med Venstre og Socialdemokratiet, og hvis ideer derfor kunne ventes at blive lagt til grund for en skolereform efter et eventuelt politisk systemskifte.

Uden et sådant systemskifte så en reform imidlertid ud til at have lange udsigter, skønt flere af Højreministerierne faktisk viste interesse for den. I 1889 sonderede man stemningen blandt skolebestyrere og rektorer for en reform der fjernede græsk og forbedrede de nyere sprogs stilling. Reaktionerne var højst varierede – i flere tilfælde hvor en skole havde to bestyrere, afgav disse sågar hver sit responsum – men hovedreaktionen var negativ.

I indledningen til sit principielle indlæg „Latin og 'Moderne Humanistisk'" i *Tilskueren* 1901 – med det dristige motto „Hvad er den tredie Retning? Intet. Hvad bør den være? Alt. Hvad forlanger den at være? Noget" – var Otto Jespersen tilsyneladende også pessimistisk. Det skortede ikke på reformforslag, men enten blev de vetoet af rektorer, undervisningsinspektion eller fakultet, eller også faldt de i rigsdagen. Men, fremhævede Jespersen, for hver gang blev der dog opnået større enighed om to ting: at en reform var nødvendig, og at den måtte bestå i at de nyere sprog altovervejende indtog de klassiske sprogs plads i skemaet.

Denne gang var reformdiskussionen sat i gang af et forslag fra de københavnske skolebestyrere (december 1898) om som forsøg at oprette en tredie „moderne humanistisk" retning.[215] I første omgang så det ganske vist ud til at alt som sædvanlig var gået i stå: ministeren havde fremsat et alternativt forslag, „der såe påfaldende ud som en ringere eftertryksudgave av skolebestyrernes", og landstingsudvalget havde produceret endnu en variant, men ingen af de tre havde tilsyneladende overlevet ministerskiftet i 1900. Det beklagede Jespersen for så vidt, men samtidig så han det som held i uheld, fordi den foreslåede reform var helt utilstrækkelig i sit opgør med latinens rolle. Der var ingen fornuftig begrundelse for denne rolle; Jespersen konstaterede med rette at de gængse argumenter (fx at latinsk grammatik skulle være særlig logisk eller lette arbejdet med grammatikken i de nyere sprog) gerne blev fremført af ukyndige, mens de blev afvist af de fleste klassiske filologer. Afskaffede man latin, ville det ikke alene blive muligt at give eleverne mere fritid og dermed mulighed for friluftsliv og legemlig udvikling, man ville endda kunne udvide timetallet for naturfagene, dansk og de moderne sprog. På denne måde kunne man indirekte skabe en virkelig enhedsskole – „den organiske sammenhæng i hele skolevæsenet uden nogen adskillelse mellem „bedre folks" børn og mindre gode folks børn". Dette kunne godt forliges med delvis forskellige undervisningsplaner, og Jespersen udkastede den tanke at gøre det muligt for eleverne i det eller de sidste år selv at vælge tre specialfag med dobbelt karakter ved studentereksamen – givetvis inspireret af den engelske Sixth Form, selv om det ikke eksplicit nævnes.

Men Jespersens ærinde var desuden at sikre at engelsk ved en reform fik den plads der tilkom faget. I motiverne til lovforslaget havde ministeriet anført at der i gymnasiet burde lægges større vægt på praktisk regning og engelsk, da mange studenter ikke fortsatte på universitetet, men blot ville „skaffe sig den bedst mulige humane Dannelse, inden de træde ud i de praktiske Livsstillinger, som deres Hu og Evner bestemme dem for". Denne forestilling, der som nævnt ikke var ukendt i den lærde skole, ville gøre det umuligt at give engelsk en central placering på en nysproglig linje. Jespersen rullede nu det tunge skyts i stilling og argumenterede for at engelsk var uundværligt for videre studier, for almendannelsen og for at udvide den snævre hjemlige horisont:

> Somom de studerende ikke havde brug for engelsk! Somom England kun var et handels- og fabriksland, som de der gav sig av med højere åndelige interesser, ikke behøvede at kende noget til! ... Blad i moderne videnskabelige arbejder! – overalt finder man engelske værker anført. Det gælder ikke alene sådanne fag som filosofi, psykologi, biologi – tænk blot på den moderne fra England stam-

mende udviklingslære og dens indflydelse på ikke alene soologi og botanik, men mangfoldige andre grene av menneskelig viden: antropologi, etnografi, sosiologi osv. [men også fx medicin, teologi og en række filologier] ... Den rivende udvikling i de amerikanske universiteter må man også regne med ... intet andet sprog har så gode udsigter til at blive videnskabens fremtidige fællessprog, på lignende måde som latinen var det i gamle dage.

Dertil kom den engelske litteratur – hvortil Jespersen, som sædvanligt på den tid, regnede ikke blot skønlitteratur, men også „historie, naturvidenskabelige og filosofiske essays o. desl.". Den havde det fortrin at „alle vigtige spørgsmål findes dær behandlede, hyppigt lige så klart fremstillet som hos franskmændene, ofte tillige lige så grundigt som hos tyskerne, i reglen med en hos andre nasjoner ukendt sammensmeltning av frisind og sund konservatisme". Da elementært engelsk var så let at lære, ville man relativt hurtigt nå frem til at læse „værdifulde ting". Studenterne ville blive opmuntret til at gå videre i forfatterskaberne efter endt skoletid, hvorimod uendeligt få senere ville finde på at åbne Homer eller Cicero. Overfor sine rivaler blandt de nyere sprog havde engelsk også en afgørende fordel: „Hverken i den tyske eller navnlig i den franske litteratur er der en sådan rigdom på den art værker, som netop egner sig til gennemgang i de fremmedsproglige timer".

Sidst, men ikke mindst, var der talefærdigheden. Den skulle ikke som ofte hævdet gøre det nemmere at være turist i udlandet; men hvis man beherskede et sprog så godt at man kunne føre en virkelig samtale med en udlænding, ville man derigennem „lære mere og få et varigere åndeligt udbytte end av ti landsmænd der er opfødt med de samme tanker og synsmåder som een selv og daglig læser de samme bøger og aviser". Og, sluttede Jespersen, hvis det med Tennysons ord var "forfatterne mere end diplomaterne, der får nasjonerne til at elske hverandre", så gjaldt det samme for personligt samkvem, sådan at læreren i moderne sprog på to måder kunne bidrage til at løse "den smukke opgave at gøre sine elever modtagelige for påvirkninger der i længden kommer til at virke mere end kongresser i Haag".

1903-loven og dens modtagelse

Da undervisningsinspektør S.L. Tuxen i 1914 udsendte sin *Beretning om Undervisningen i Gymnasieskolerne*, konstaterede han at hvor den sidste beretning fra 1900 havde fremhævet stabiliteten i det lærde skolevæsen, havde de mellemliggende år været karakteriseret ved en "betydningsfuld og frugtbringende" forandring uden sidestykke. De lærde skoler var blevet til de "højere almenskoler" (skønt titelbladet altså sagde "gymnasieskoler"). Loven om højere almenskoler af 24. april 1903 havde indført mellemskolen som organisk led mellem elementærskolen og gymnasiet, og der var i gymnasiet blevet indført en "tredje retning", den nysproglige, som i 1912 tegnede sig for 57% af de 800 studenter (et tal der i øvrigt fremkaldte samme indtrængende advarsler om overproduktion som 414 studenter havde gjort i 1889).[216]

Konsekvenserne havde især været følelige for faget engelsk. I mellemskolens 1.-4. klasse havde engelsk nu hhv. 6, 3, 3 og 3 ugetimer, tysk 0, 5, 4 og 4 (de to fag kunne byttes om, men blev det sjældent). I en del skoler, især københavnske privatskoler og pigeskoler, begyndte man endda med sprog (normalt engelsk) allerede i underskolen. I det nysproglige gymnasium var der tilsvarende valgfrihed mellem at gøre engelsk eller tysk til hhv. hovedfag og bifag, og i 1914 havde

37 af 44 skoler valgt engelsk. Hos de klassisk-sproglige og matematikerne havde 29 ud af 37 skoler valgt engelsk.

I sin beretning erklærede Tuxen at engelsk havde hævdet den tildelte førerstilling og utvivlsomt burde beholde den. Nu havde han selv været en af forkæmperne for 1903-ordningen og var derfor velvilligt indstillet, og endda måtte han indrømme at der havde været mange begyndervanskeligheder: lærere uden tilstrækkelig teoretisk og praktisk kunnen, mangel på lærebøger og tekstudgaver osv. Men engelsk overlevede den kritik det som hovedfag i det nye gymnasium var udsat for; det forblev det vigtigste sprogfag i gymnasiet og blev det efter 1. verdenskrig også på universitetet og i folkeskolen.[217]

De udfyldende anordninger, bekendtgørelser og undervisningsplaner til 1903-loven blev i høj grad baseret på input fra lærerne, og her var der stadig betydelig modstand mod at lægge for megen vægt på talefærdighed. Det skyldtes dels at mange lærere selv ville have store problemer på dette felt, dels at man som nævnt ønskede engelsk regnet som et ligeværdigt ånds- og kulturfag med græsk på den klassisk-sproglige linje, så den nye tredje retning ikke skulle blive stemplet som underlødig. Med Kolding-rektoren Georg Bruuns ord: „Hvis Gymnasiets 3die Retning skal blive i Stand til at give sine Elever et Aandsækvivalent for den græske Poesi, Herodot og Platon, saa maa alle Fordringer om Talefærdighed i Tysk og Engelsk som noget væsentligt og centralt skarpt afvises".[218]

Bruun var en af arkitekterne bag 1903-reformen, og en flittig skribent der i mange år i rubrikken „Af en Skolemands Læsning" holdt læserne af *Vor Ungdom* orienteret om udenlandsk pædagogik. Som Jespersen så også han en sammenhæng mellem den nysproglige retning og enhedsskolen,[219] og som lærer både i græsk og engelsk stod han som en slags garant for at den nye retning virkelig var "åndsækvivalent" med græsk. Det betød høje krav til den litteratur der skulle læses. Som en anden modstander af talefærdighed formulerede det: "Hvis den tyske og den engelske Undervisning skal afløse den græske nogenlunde, kan vi ikke sidde og læse Noveller, og vi kan heller ikke tage et saa stærkt Hensyn til det moderne".[220]

Læsningen af noveller og for lette romaner blev et tilbagevendende kritikpunkt. En anmelder af Bøgholms og Madsens *Engelsk Læsebog for Gymnasiet* ankede således over at man havde optaget en Sherlock Holmes-historie, "en af den slags Detektivromaner, som dog nu burde være ude af Kurs".[221] På den anden side kom der hurtigt advarsler om at bl.a. den lyriske digtning, man forlangte – Keats, Shelley, Wordsworth, Arnold – var for svær for eleverne.[222] Jespersen var opmærksom på begge farer og advarede på den ene side mod at læse for vanskelige digte, på den anden side mod at nøjes med noveller og Kaptajn Marryat. Men han stod jo heller ikke midt i den skolemæssige realitet. Det gjorde Georg Bruun og hans kolleger, og de kom til at præge læseplanen.

I en artikel i 1913 sammenfattede Bruun tankerne bag undervisningsplanen, samt de hidtil indhøstede erfaringer. Han fremhævede at de "officielle" tekster – den kgl. undervisningsanordning af 1. dec. 1906, den ministerielle bekendtgørelse af 4. dec. 1906 og eksamensanordningen af 10. juli 1909 – i alt væsentligt fulgte engelsklærernes forslag fra 1905 om mål, metoder og midler. Hans konklusion var at af de to hovedformål – åndsdannelse og sprogfærdighed – var den førstnævnte klart det vigtigste, hvad der alene fremgik af at pensumkravene til litteratur (dvs. Shakespeare, lyrik og "vægtige prosaiske forfattere") lå på 8-900 sider mod kun 400 til den "lettere moderne lekture" som bl.a. skulle bruges som grundlag for taleøvelser. Det var Bruun godt tilfreds med af hensyn til fagets status, og han argumenterede indgående for at engelsk havde formået at erstatte græsk. Men han lagde ikke skjul på at en stærkt medvirkende årsag til det nedtonede ambitionsniveau mht. praktisk sprogfærdighed, var at man havde måttet „nøjes med at opstille Krav, som alle Lærere kan fyldestgøre".[223]

Dette forhold beskrev udenforstående til tider mere brutalt. Gerson Trier, der nok er bedst kendt som socialist, men som var magister i orientalsk filologi og bl.a. ernærede sig ved at manuducere i engelsk og fransk, brugte ord som „skandale" og „rædselsfuldt" om bifagskandidaternes evner til at tale de sprog de skulle ud og undervise i.[224] Det blev et af hovedpunkterne i kritikken af den nye linje for ikke at levere det den havde lovet. Men Bruun betonede at skolen ikke havde lagt skjul på at der ville komme betydelige problemer i en overgangsperiode. Det klassiske dannelsesgrundlag med dets ry, tradition og „en nedarvet Metode, med et fastslaaet Udvalg af værdifuldt Læsestof" skulle nu erstattes af et moderne „uden fast Metode, uden Lærere trænede i deres Skoletid og paa Universitetet til dette Arbejde". I øvrigt burde universitetet og politikerne feje for egen dør. Universitetet interesserede sig ikke for læreruddannelsen og gennemgik fx ikke læsestof der egnede sig til gymnasiet, og talefærdigheden gjorde man intet for.[225] Man gav heller ikke den nødvendige historiske oversigt, skønt dog en sådan krævedes selv ved faglærerindeeksamen, og skønt antik historie havde været en integreret del af studiet af græsk og latin. Og når man kritiserede lærernes sprogfærdigheder, hvor skulle de så have fået dem fra? De måtte beskrives som et „Oplysningsproletariat", og mange måtte „kæmpe en fortvivlet Ernæringskamp for at tilfredsstille deres Mellemstandskrav med deres Underklasseløn". Forventede man at de af egne midler betalte et ophold i udlandet for at lære de sprog, de skulle undervise i?[226]

Men trods alle startvanskeligheder var engelsk nu, fra at have været et marginalt valgfag, fast etableret som et af gymnasiets hovedfag. Bag denne udvikling lå en blanding af sociale, politiske og pædagogiske faktorer. Det var til fordel for faget at den lærde skoles reform trak så længe ud: var den kommet meget tidligere, var fransk eller tysk sikkert blevet prioriteret. Men år for år vandt engelsk terræn som internationalt sprog i forhold til fransk, samtidig med at tysk sprog og kultur var noget man i stigende grad var betænkt på at distancere sig fra. Det lykkedes fortalerne for engelsk at overbevise skeptikerne om at sproget på den ene side var meget krævende og bærer af betydelige åndelige værdier, på den anden side så let at lære begyndelsesgrundene i at det burde være første fremmedsprog i skolen. Da systemskiftet endelig bragte den ønskede reform, høstede engelsk frugterne.

Det skal selvfølgelig huskes at der hele tiden blev udbudt engelskundervisning uden for gymnasiet – på private institutter, herunder pigeskoler,[227] i realskoler, af private sproglærere og af Studentersamfundets aftenundervisning for arbejdere. I sidstnævnte var engelsk ifølge en opgørelse fra lederen, den radikale politiker Herman Trier, i 1886 det mest efterspurgte fag (304; retskrivning 249, regning 195, tysk 183). Engelsk blev her især lært med henblik på at få arbejde i havne, for at læse fagtidsskrifter, og af folk der overvejede udvandring. Der var hold hvor al undervisning foregik på engelsk og de bedste elever kunne bruges som hjælpelærere; der var engelske stile der var så godt som fejlfri, „og paa mangt et Hold høres en Udtale, som intet lader tilbage at ønske".[228] Den samlede effekt af denne private undervisning lader sig næppe måle, men må op til og endnu efter verdenskrigen have kunnet måle sig med det den lærde skole kunne præstere.

Debatten omkring 1903-loven handlede overvejende om „dannelse" og „demokrati". I den sammenhæng optrådte de nyere sprog oftest sammen som symptom på det man ville med reformerne: undergrave den klassiske dannelses altafgørende betydning og dermed Højres og embedsmændenes magt, demokratisere skolen og gøre den mere nutidsorienteret, gøre uddannelserne mere fleksible. Overfor dette måtte diskussionen af de nyere sprogs indbyrdes forhold blive sekundær, og det er vanskeligt at pege præcist på hvad det var der førte til den endelige prioritering. Argumentationen var i høj grad skoleintern og pædagogisk. Til fordel for engelsk talte at sprogfolk nu ikke længere betragtede de enklest opbyggede sprog som mindreværdige i forhold til de mere komplicerede, og at det pædagogisk gav bedst mening at gå fra det lette til det svære; det handicap engelsk havde lidt under i formaldannelsens periode, var hermed ophævet. I de demokratiske reformers kontekst var det endvidere positivt at engelsk nu havde overhalet fransk som verdenssprog, og at sprogets brugbarhed i dagliglivet ikke længere talte imod det. Og endelig var der som nævnt Otto Jespersens ubetvivlelige autoritet, dels i spørgsmålet om moderne sprogundervisning (Jespersen understregede dog udtrykkeligt at metoden ikke var specifik for engelsk), dels hvad engelsks status som kultursprog angik.

Kritik fra erhvervslivet og forslag om et handelsgymnasium

1903-loven gav anledning til kritik fra flere sider. Adskillige universitetsfolk klagede over niveausænkning hos de studerende, og frygtede at det stigende studentertal ville føre til opkomsten af et akademikerproletariat. Allerede før 1903 var der antydninger af at den nysproglige linje var oprettet med henblik på rige – eller måske bedre: dannede – folks dumme børn.[229] Kvindelige akademikere var heller ikke udelt begejstrede for at linjen i stigende grad blev en „pigelinje"[230] med risiko for useriøse associationer:

> Denne Retning maatte efter hele sin Art virke tiltalende paa det højere Borgerskab, der ønskede at give sine Døtre en standsmæssig Dannelse med Kendskab til Litteratur og Historie og de tre moderne Hovedsprog ... den nuværende Studentereksamen er som en udvidet Præliminæreksamen.[231]

I nogen grad er der vel her tale om den traditionelle klage over at nutidens studenter er ringere end den ældre generation var, samt om en indirekte kritik af de demokratiske synspunkter bag reformen. I øvrigt forblev påstanden ikke uimodsagt. Græsklærere som M.Cl. Gertz og Georg Bruun mindede således kritikerne om hvor få elever på den klassisksproglige linje der havde fået noget som helst åndeligt udbytte ud af græsk og latin, og Otto Jespersen mente ligefrem at der var sket en tydelig forbedring i de godt tredive år siden han tiltrådte som professor. Studenterne virkede mere interesserede, sagde han i 1925 til Politiken: „De møder nu bedre forberedte til Universitetet end før, har større Betingelser for at tilegne sig Stoffet, saa at Undervisningen kan blive af langt mere videnskabelig Art".[232]

Kritikken kom dog ikke kun fra ældre kværulanter, men – nok så bekymrende – fra de potentielle aftagere af den nye linje, erhvervslivet. Gennem 1890'erne havde en række af dets repræsentanter (men som nævnt også skolefolk som C.N. Starcke) angrebet skolen for at være upraktisk og verdensfjern. Et møde i Industriforeningen i jan. 1899 om „Vore afsluttende Skole-Examiner og det praktiske Livs Krav" førte til en omfattende debat i dagspressen, og kritikken blev taget op (men i alt væsentligt afvist) på lærernes årsmøde i 1900.[233] Da den nysproglige retning så endelig kom, skuffede den erhvervslivets forventninger. Op til reformen havde det her været et udbredt synspunkt at man hellere tog folk med en god realeksamen end de „upraktiske" studenter. Mange erhvervsfolk var dog klar over at den stigende globale konkurrence som Danmark mærkede omkring århundredskiftet, gjorde det nødvendigt at rekruttere bedre uddannede kandidater; man kunne ikke længere lære alt i firmaet. Studenterne forekom imidlertid at være lige så akademiske som de altid havde været, blot at de nu havde forlæst sig på Shakespeare og Goethe i stedet for Cicero og Homer.[234]

I 1914 fik kritikken kultusministeriet til at nedsætte en kommission med forretningsmanden Max Ballin som formand, og den foreslog i sin betænkning 1915 oprettelsen af en fjerde linje, et handelsgymnasium. Det førte til en livlig debat i pressen, og sagen kom op på Gymnasieskolernes Lærerforenings årsmøde i oktober. Historikeren Erik Arup, der dengang var departementschef i Statsministeriet og havde været medlem af Ballins kommission, anbefalede forslaget, som dog ikke uventet mødte stærk skepsis blandt gymnasiets folk, og da også endte med at blive afvist.[235] Debatten om forslaget fremtvang imidlertid nogle interessante overvejelser om karakteren af faget engelsk (og den nysproglige linjes andre fag).

Gymnasiet afviste fra begyndelsen blankt at den påtænkte handelslinjes særfag – varegeografi, teknologi, handelshistorie, nationaløkonomi osv. – havde en almendannende karakter som tålte sammenligning med fx litteraturlæsningen på den nysproglige linje. Heroverfor fastholdt Arup at efter tredelingen i 1903 lå almendannelsen i fællesfagene (dansk, historie, oldtidskundskab, naturfagene), mens undervisningen i de øvrige, specielle fag havde en faglig karakter. Denne måtte nødvendigvis være forskellig, og reelt usammenlignelig, fra linje til linje; derimod ville handelslinjen netop optage de almendannende fællesfag ubeskåret. Hertil føjede han, ikke uden malice, at det jo af Tuxens beretning af 1914 fremgik at man på den nysproglige linje kun undtagelsesvist nåede til en forståelse af (engelsk eller tysk) litteratur og kultur, og i de fleste tilfælde måtte satse på det praktisk-faglige. I øvrigt viste de nysprogliges valg af især det filosofiske og det juridiske fakultet at de opfattede deres uddannelse som rettet mod bestemte studier og professioner, ikke som almendannende.[236]

Endelig fremhævede Arup at en undervisningskreds baseret på handelens historie og geografi ville give de studerende et nok så dækkende og nutidsrelevant billede af verden. Det ville være meget lettere på basis af handelshistorien at give det overblik som man igen og igen forgæves havde forsøgt at bibringe eleverne i stedet for udenadslærte historiske data, og det ville være muligt at behandle lande som Kina, Japan og Tyrkiet, som fik stadig større verdenspolitisk betydning, men som normalt faldt uden for historieundervisningen:

> Der blev allerede i 1903, da den nysproglige Retning fremkom, talt om en „germansk Isolation", at man ved at skyde den romanske Aandsudvikling til Side indskrænkede Elevernes Syn alene til den germanske Aand ... [I] al fald er det Syn, som anlægges af det nuværende Gymnasium, udpræget europæisk ... Handelsgymnasiets Særpræg skulde være det, at det vænner Eleven til en Betragtning af Menneskets Virksomhed overalt paa den ganske Jord og til at betragte sig selv ikke som Germaner, ikke engang som Europæer, men som et Led i denne største

Helhed. Det skulde give Eleverne en Forestilling om Menneskets Arbejde for at gøre sig Jorden underdanig og af den storslaaede Virksomhed, hvorved det har draget den hele Jord ind under sig og nu holder selv de fjerneste Egne forbundne.[237]

Blandt reaktionerne på denne grandiose vision er to særlig relevante. S.L. Tuxen anfægtede Arups sikkert også bevidst hårtrukne udlægning af hvad han havde skrevet om de praktiske og de litterære aspekter af de nyere sprog, men på en måde så det kom til at stå klart at der var alvorlige problemer:

> Det, jeg mener, man kan konstatere, er, at saaledes som Undervisningen nu drives i det nysproglige Gymnasium, kommer den litterære Side mange Steder ikke til sin Ret, og at dette kun forsaavidt kan undskyldes, som den sproglige Side endnu volder saa megen Vanskelighed, at det ikke altid synes let at komme paa Højde med Kravene, hvad enten Fejlen nu ligger hos Lærerne, eller i, at man har indrømmet Faget for faa Timer.[238]

En lærer, Ingemann Ottosen (der underviste i bl.a. engelsk på en københavnsk privatskole), citerede professor P. Heegaard for det synspunkt at handelsgymnasiet var hvad erhvervslivet troede de havde fået med den nysproglige retning i 1903. Men det var jo netop dengang blevet understreget at det litterære og åndsdannende var hovedsagen; kun sådan havde de moderne sprog kunnet afløse græsk og latin. Ingemann Ottosen frygtede dog for at handelsgymnasiet ville blokere for en nødvendig reform af den nysproglige linje. Derfor foreslog han at man for de moderne sprogs vedkommende lagde hovedvægten, ikke på det (ringe) litterære udbytte, men på en „historisk-social" uddannelse.[239] Andre foreslog en „social-økonomisk" eller „praktisk" linje, som kunne supplere den matematisk-naturvidenskabelige og den „akademisk-sproglige" – en tidlig tanke om en slags samfundsfaglig gymnasiegren.[240]

Det er værd at understrege at ikke alle med kontakt til erhvervslivet fandt studenterne ubrugelige. Osvald Larsen, der var leder af Niels Brocks Handelsskole, hævdede således i 1925 at de så stærkt udskældte nysproglige, disse „elendige Romanlæsere", faktisk klarede sig glimrende både i handelsskolesystemet og i erhvervslivet. Men handelsgymnasiet som en fjerde linje blev ikke til noget, erhvervslivets forslag til mere samfundsrelevante universitetsdiscipliner heller ikke. I stedet satsede man på det parallelle system man allerede havde opbygget med et handelsgymnasium (Niels Brock) og Handelshøjskolen som en alternativ højere læreanstalt.[241]

Nina Bangs kritik af gymnasiet

Heller ikke socialdemokraterne var tilfredse med den nye linje. I 1925 overværede undervisningsminister Nina Bang – sammen med adskillige repræsentanter for erhvervslivet – årsmødet i Gymnasieskolernes Lærerforening. Det blev åbnet med et foredrag af rektor H.P. Sørensen om „Studenternes Anvendelse i det praktiske Liv", og i debatten tilsluttede Nina Bang sig den fremførte kritik.[242] Hun understregede at hun ikke ønskede den gamle ordning tilbage, men faktisk gav den klassiske linje eleverne kendskab til „alle Sider af et Samfundsliv [samt] den romerske Statsforfatning og Statsforvaltning ... den romerske Filosofi [og] ... – hvad der navnlig vil interessere, tænker jeg, Erhvervslivets Mænd – Kendskab til og Indsigt i de store økonomiske Spørgsmaal". Den nysproglige linje gik derimod „overvejende i filologisk-skønlitterær Retning". Hun indrømmede at der kunne være større problemer med at undervise i den moderne klassekamp end i forholdet mellem slaveejere og slaver i Rom, men der måtte ske en radikal kursændring hvis det nysproglige gymnasium skulle kunne løse sin opgave.

En lignende kritik havde hun året før rettet mod universiteternes vægtning af stoffet. I forbindelse med en omlægning af skoleembedseksamen havde det filosofiske fakultet fremsendt eksamensfordringer og eksempler på specialeemner til ministeriet, og Nina Bang bemærkede at mens hun i latin og græsk „saa Emner, der alsidigt behandlede Kulturen" – hun nævnte som eksempler „agrariske Bevægelser, Finans-, Krigs- og Forfatningsvæsen og Filosofi" – fandt hun i de moderne sprog kun skønlitterære emner. Hun havde derpå tilskrevet universitetet og opfordret til at der blev lagt vægt på andre sider end „netop Skønlitteraturen og igen særlig den ældre Del af den". Der blev også brugt for megen tid på de nyere sprogs „Oldformer", mens de vordende lærere ikke fik tilstrækkelige kundskaber i moderne sprog.

Nina Bangs kritik var ikke mindst rettet mod faget dansk – engelsk fik faktisk ros for at universitetsfagets eksamensfordringer netop omfattede det moderne samfunds sociale og politiske forhold – men fik ikke megen effekt. Fakultetet tilbød nogle kosmetiske ændringer, men tanken om at man i alle fag (med Nina Bangs ord) skulle vække de studerendes „Forstaaelse af, hvorledes det arbejdende og erhvervende Folk gennem Tiderne har skabt Historien og Sprogene og fyldt disse med Udtryk for sin Tankegang", kunne man ikke tilslutte sig.

Det nysproglige gymnasiums identitetskrise

Den nysproglige identitetskrise forsvandt imidlertid ikke. Det forblev for det første uafklaret om dansk (og historie) eller de moderne sprog var at betragte som de nysproglige hovedfag.²⁴³ Og mens man udefra altså fandt linjen alt for litterær og verdensfjern, måtte Tuxen omvendt konkludere at man ikke fik nok ud af det litterære, fordi den praktiske sprogindlæring lagde beslag på en stor del af tiden. Denne sprogindlæring havde i begyndelsen været koncentreret om aktiv beherskelse af talesproget, i overensstemmelse med Otto Jespersens og andre sprogreformatorers ideer, men efterhånden vandt grammatik og (skriftlig) oversættelse noget af det tabte terræn tilbage – mere udpræget i tysk end i engelsk.²⁴⁴ Der var dog bred tilfredshed med den klare forbedring af talefærdigheden. Engelsklærerforeningen fremhævede at udlændinge ofte forbløffedes over hvor mange danskere der kunne tale fremmede sprog, og gav 1903-loven og den moderne sprogundervisning lige fra mellemskolen æren herfor.²⁴⁵ Engelskprofessoren C.A. Bodelsen mente at de danske studerendes korrekte udtalelse af engelsk skyldtes brugen af lydskrift i undervisningen, men bemærkede samtidig at det kneb med intonationen.²⁴⁶

Meget tyder altså på at den nysproglige linje havde sat sig mellem to eller flere stole. Det blev også opfattet som et problem at linjen havde ry for at være „blød" og fremme en rent receptiv tilegnelse; undervisningsinspektøren erklærede 1933 at ville „tage dette bort og gøre den lige saa dyb og lige saa god som den matematiske Linje". Dette skete bl.a. ved at indføre mulighed for „laboratorieundervisning" i sprogfagene, dansk og historie.²⁴⁷ Samtidig blev de litterære krav strammet op i betænkningen af 1935 – uden at der blev slækket på de sproglige. Undervisningsinspektør Højbjerg-Christensen mente at der havde været tegn på en „udvandet" undervisning i engelsk og tysk, og derfor havde 1933-betænkningen opprioriteret de klassiske tekster.²⁴⁸

Til gengæld ofrede man amerikansk litteratur. Jespersen

havde i sin læsebog *The England and America Reader* fra 1903 inkluderet tekster både fra det britiske imperium og fra USA, vel under påvirkning af datidens „anglo-saxonism". Men det blev ikke nogen udpræget succes. Det „er jo sikkert en Dyd, at amerikansk Stof overhovedet er medtaget", sagde en forbeholden lærer i 1918.[249] Og da Jespersen genudgav sin bog i 1928, var det som *A British Reader*, da ingen alligevel brugte de amerikanske tekster. Anmeldelsen i *Gymnasieskolen* glædede sig da også over at bogen havde elimineret det amerikanske stof, „en uomtvistelig Gevinst for en Lærebog i Gymnasiet, hvor man ikke har synderlig Tid at give væk til Amerika".[250] På et spørgsmål sidst i tyverne om man stadig kunne bruge amerikansk stof, blev der svaret at det udvalg der arbejdede med sagen, anbefalede helt at droppe kravet om kendskab til „det engelsktalende Amerika".[251]

Det skete dog ikke i første omgang. En betænknng fra 1930 indbefattede endnu i pensum tekster der gav „Oplysning om vigtige Punkter af Englands (eventuelt ogsaa Amerikas) Historie, politiske Institutioner og sociale Forhold i Nutiden", og en liste med anbefalet læsning indeholdt ved siden af 11 engelske forfattere kun én fra USA – Sinclair Lewis, der samme år (som den første amerikaner) havde vundet Nobelprisen i litteratur.[252] Men det blev en stakket frist. En ny betænkning fra 1933 gentog ganske vist forgængerens formulering „eventuelt ogsaa Amerika", men to år senere nævnede hverken anordning eller bekendtgørelse Amerika med et ord. De nysproglige elever skulle bibringes „Viden og Forstaaelse af Landets Kultur" – og det betød i denne sammenhæng Englands, ikke USA's. Engelsk var blevet et både mindre praktisk og mindre globalt fag.[253]

Men åbenbart ikke mindre krævende. Fagudvalget fandt således „engelsk Tankegang og Folkekarakter mindre umiddelbart tilgængelig for en Dansker" end tysk ditto, hvorfor det måtte have flere timer. Argumentet var jo ikke nyt, og måske viser brugen af det at engelsklærerne ikke var helt à jour med de nyeste tendenser: nogle år forinden havde en anmeldelse i *Anglo-Dania* luftet det modsatte synspunkt, som havde været benyttet i midten af 1800-tallet og skulle blive enerådende efter 1945, nemlig at danskerne netop var åndsbeslægtede med englænderne.[254]

Et andet argument var at uden en udvidelse af timetallet ville arbejdspresset blive så stort at eleverne ville flygte til den matematiske linje – hvad de nu gjorde alligevel.[255] Et forslag fra tysklærerne om at ligestille de to sprogfag blev afvist: da engelsk var hovedfag ved over 85 % af skolerne, ville det gennem en ligestilling reelt blive reduceret og dermed „staa i fare for at forvandle sig fra Kulturfag i retning af Nyttefag", hvad der afgørende ville „nedsætte det nysproglige Gymnasiums Værdi og almindelige Omdømme".[256]

I 1930'erne befandt det nysproglige gymnasium, og ikke mindst dets hovedfag engelsk, sig i en identitetskrise. Linjens ry for at være „blød" førte til forskellige opstramninger, indførelse af „laboratoriearbejde" o.l. Dette førte til gengæld til et meget stort arbejdspres, og samtidig var det langt vanskeligere at opnå høje karakterer på nysproglig end på matematisk linje. Engelsk havde måske færre problemer end tysk når det gjaldt samtidens litteratur og samfundsforhold, men det var blevet et fag uden visioner. England blev præsenteret gennem klassikere og „sikre", formodet eviggyldige tekster.[257] Samtidig var amerikansk litteratur stort set udelukket på et tidspunkt hvor den i oversættelse begyndte at trænge ind på det danske marked, og hvor jazz, musicals og film fra USA blev en del af kulturbilledet.[258] Åndsdannelsen havde fortrængt moderniteten.

Endnu i 1945 angav kun tre af ti danskere at de talte et fremmedsprog nogenlunde flydende, og 14 % talte tysk mod kun 9% engelsk. Men allerede de børn der blev født mellem 1928 og 1937 havde mere engelsk end tysk i skolen. Det kneb mere med den ældre generation, selv om sproget blev et stort hit på voksenuddannelser og aftenskoler; de politikere der forhandlede med briterne efter krigen, kunne således ikke meget engelsk.[259] Snart blev Danmark til gengæld engelsktalende i en for mange bekymrende grad, og man glemte den lange og seje kamp som engelsk sprog og kultur havde måttet kæmpe for at blive anerkendt her i landet.

Forkortelser

Beretning =
Beretning om Mødet i De lærde Skolers Lærerforening for Aaret 1890/91-1903
Beretning om Mødet i de højere Almenskolers Lærerforening for Aaret 1904-15
Beretning om Mødet i Gymnasieskolernes Lærerforening for Aaret 1916-35

Meddelelser =
Meddelelser angaaende de lærde Skoler...1857/78-1902/03
Meddelelser angaaende de højere Almenskoler 1903/04-

Noter

1 Philip Magnus, *King Edward the Seventh* (Penguin ed.), 359.
2 Planen om studenterbesøget nævnes i *Dansk Tidsskrift* (1900), 864, som finder at det er den helt rigtige måde at markere 100-året for Slaget på reden på. I øvrigt følger fremstillingen nedenfor Jan Kobbernagel, *Studenterforeningens historie 1890-1980* (I-III, Kbh. 1984-85), I, 102-105, som er baseret på Studenterforeningens protokoller.
3 Formentlig er denne professor identisk med „Sekretæren for Videnskabernes Akademi i Berlin", som Edvard Lehmann året før havde citeret for et forslag om at lade engelsk afløse latin som videnskabens verdenssprog: E. Lehmann, „Det videnskabelige Verdensbroderskab", *Dansk Tidsskrift* (1900), 602.
4 Dette sidste var naturligvis en overdrivelse, men det er faktisk rigtigt at der var briter der betragtede og betegnede Danmark som et „foregangsland", blandt dem udenrigsminister Lord Grey under et besøg i København (*Politiken*, 20. juni 1913), og forfatteren Henry Rider Haggard, se min „Socialismen, landbruget og imperiet: Rider Haggard i Danmark 1910", i: *Historiens kultur: metode, kritik, fortælling*, udg. N. de Coninck-Smith et al. (Kbh. 1997).
5 Sagen nævnes hverken i *Studentersamfundet gennem fem og tyve Aar* (Kbh. 1907), i Københavns Universitets årbog 1900/01 eller i Høffdings eller Jespersens erindringer.
6 Se Jens Rahbek Rasmussen, „'No Proper Taste for the English Way of Life': Danish Perceptions of Britain 1870-1940", i Jørgen Sevaldsen, udg., *Britain and Denmark: Political, Economic and Cultural Relations in the 19th and 20th Centuries* (Kbh. 2003), 61-72, og „Danmark og Storbritannien", i samme og Nils Arne Sørensen, *Briterne og Europa* (Kbh. 1997), 119-137.
7 Edward Said, *Orientalism* (New York 1978; da. udg. 2002); Benedict Anderson, *Imagined Communities* (2. udg., London 1991; da. udg. 2001). Jf. Michael Pickering, „The concept of the other", i: *Stereotyping: the politics of representation* (London 2001), 47-78.
8 Anthony Smith, *National Identity* (Penguin 1991); Adrian Hastings,

The Construction of Nationhood: Ethnicity, Religion and Nationalism (Cambridge 1997).
9 Se Hans Kryger Larsens, Poul Bagges og Niels Finn Christiansens bidrag til *Dansk identitetshistorie*, III (Kbh. 1992).
10 Stikprøven fra *Den danske Mercurius* omfatter numrene dateret 1. august 1666-1676 og 1. februar 1667-1677. Frederik Paludan-Müller præsenterer i *Adam Homo* (1841-48), 9. sang, en række nationale stereotyper, der tydeligt nok formodes bekendte (udg. Paul V. Rubow, Gyldendals Bibliotek 1965, I, 217-219.) Om Wessel, se henvisningen i note 37.
11 Se *Niels Brocks handelsskole 1888-1963* (Kbh. 1963), 21.
12 *Danmark og Rusland gennem 500 år* (SNU, Kbh.1993), især artiklerne af Bent Jensen og S.P. Jensen & Lars Poulsen-Hansen. Også for danske klassiske filologer var Rusland et interessant arbejdsmarked, se E. Spang-Hanssen, *Under Madvigs auspicier* (Kbh. 1952).
13 Alf Henriques, *Shakespeare og Danmark til 1840* (Kbh. 1940); Jørgen Erik Nielsen, *Den engelske litteratur og Danmark 1800-1840*, I-II (Kbh. 1976), kap. I og II; Kirstine Frederiksen, „Tyske Pædagoger i det nittende Aarhundrede", *Vor Ungdom* (1885), 447. Jf. journalisten Franz von Jessens betoning af den altdominerende tyske inspiration i dansk presse indtil 1900, citeret Hakon Stangerup, *Henrik Cavling* (Kbh. 1968), 80.
14 J.N. Madvig, *Livserindringer* (Kbh. 1887), 239.
15 Citeret Vibeke Winge, „Dansk og tysk 1790-1848", *Dansk Identitetshistorie*, II (Kbh. 1991), 138-139.
16 Se debatten mellem Ole Feldbæk og Bernard Eric Jensen i *Historisk Tidsskrift* 92 (1992), 326-352.
17 Se senest Claus Bjørn, *1848 – Borgerkrig og revolution* (Kbh. 1998). Det gav problemer i den nationale opbyggelseslitteratur, der vanskeligt kunne komme uden om den klassiske fjende Sverige. I *Gøngehøvdingen* (1853) og *Dronningens Vagtmester* (1855) løste Carit Etlar problemet ved at gøre tyske lejesoldater (kaptajn Manheimer) til de sande skurke og svenskerne (kaptajn Kernbok) til ædle fjender, som kun adelens tåbelighed havde tvunget det danske folk i krig mod.
18 Citeret Ole Stender-Petersen, *Kjøbenhavnsposten – organ for „det extreme Democrati"* (Odense 1978), 50.
19 *Collegial-Tidende* (1845), 730.

20 Niels Finn Christiansen, "Frø af ugræs: Danmark og Tyskland i det 19. århundrede", i: Kristof K. Kristiansen og Jens Rahbek Rasmussen, ed., *Fjendebilleder og fremmedhad* (Kbh. 1988), 161-162.
21 Jens Rahbek Rasmussen, "Patriotic perceptions: Denmark and Sweden 1450-1850", i: *Nations, nationalism and patriotism in the European past*, ed. Claus Bjørn et al. (Kbh. 1994), 161-176, og "Arvefjenden: Danskernes syn på svensk identitet i 1700-tallet", i: *Nationalism och nationell identitet i 1700-talets Sverige*, ed. Åsa Karlsson og Bo Lindberg (Opuscula Historica Upsaliensia 27, Uppsala 2002), 143-155.
22 J.N. Madvig, *Om Skandinavismens Forhold til den almindelige Cultur* (Kbh. 1844). (Jf. præsentationen af Madvig i note 99). – Fr. Paludan-Müller lod i *Adam Homo*s 9. sang en "skandinav" introducere sig selv således: "I grønlandsk Vinterpels, Høistærede, De seer mig! / Min Mad er Fedt og Tran, og svinsk og stygt jeg teer mig; / Men een, to, tre, pas paa! Jeg kaster Pelsen af, / Og viser mig i Frak, og hedder Skandinav". Udg. Paul Rubow (Gyldendals Bibliotek 1965), II, 217.
23 Frede Jensen, "Danmark i russisk sikkerhedspolitik omkring 1900", i: *Danmark og Rusland gennem 500 år* (Kbh. 1993), 219-220, jf. Marcus Rubins sidestilling af 1658 og 1807 som større nationale katastrofer end 1864 [note 48]. En lignende parallel kan findes draget i den konservative forfatter Sophus Bauditz' meget læste *Krøniker fra Garnisonsbyen* (1892) hvis handling foregår i 1862-64. En gammel præst erklærer sig som nationalliberal, men ikke skandinav: "... – nei! Sverige havde saamænd aldrig gjort os noget Godt, og senere havde det taget Norge fra os; det var da egentlig ingen Grund til Kjærlighed fra vor Side". (8. opl., Kbh. 1922), 84.
24 Mette Winge, *"Den Kunst at blive en god Pige, Hustru, Moder og Husmoder", Om pigelæsning og pigeopdragelse i Danmark til ca. 1900* (Kbh. 1981), 37. Lærerne ved gymnasiet i den norske by Molde svarede i 1852 på en forespørgsel: "Det er maaske ikke formeget sagt, at det er ligesaa sjældent at finde en usædelig Forfatter i den engelske, som en sædelig i den franske Literatur". Citeret Arthur Sandved, *Fra "kremmersprog" til verdensspråk: Engelsk som universitetsfag i Norge 1850-1943* (Oslo 1998), 18. Sandveds bog behandler også gymnasiefaget engelsk.
25 Madvig, i: *Meddelelser* (1857-78), 380-381.
26 Scharling & Falbe-Hansen, *Danmarks Statistik*, VI (Kbh. 1891), 356.

Tallene var for Tyskland 34%, England 28%, Sverige 18%, Norge 7% og Rusland 6%.
27 Carsten Due Nielsen, "The Beginning of a Beautiful Friendship: Denmark's Relations with Britain, 1864-1914", i: J. Sevaldsen, udg., *Britain and Denmark* [note 6], 171-197; se også hans afsnit i *Fra helstat til nationalstat 1814-1914* (= *Dansk udenrigspolitiks historie*, III, Kbh. 2003).
28 *Rigsdagstidende* (1865), 2535.
29 Henrik Cavling, *Journalistliv* (Kbh. 1930), 30.
30 Niels Thomsen, *Industri, stat og samfund 1870-1939* (Kbh. 1991) og *Hovedstrømninger 1870-1914: idélandskabet under dansk kultur, politik og hverdagsliv* (Odense 1998).
31 Birgit Nüchel Thomsen, "Dansk-engelsk samhandel...1661-1913", i: *Erhvervshistorisk årbog* 16 (1965), 13-336.
32 Anders Termansen, "Englandsbilledet i den danske opinion 1830-1864: en bevidsthedshistorisk undersøgelse af ytringer om England i den offentlige diskussion" (speciale, Københavns Universitet 2000).
33 Udtrykket "Bretland" for Storbritannien og Irland ses anvendt af både digtere, fx i Schack Staffeldts "Danesang" fra 1807, se J. Ørum Hansen, *Herre Jesu, nu vaagner Ulykken! En tekstsamling om 1807 i samtid og erindring* (Kbh. 1983), 119-120, og af videnskabelige forfattere, fx i Jens Warming, *Danmarks Statistik* (Kbh. 1913).
34 Nüchel Thomsen, "Dansk-engelsk samhandel", 21.
35 Niels Banke, "Om Adam Smiths forbindelse med Danmark og Norge", *Nationaløkonomisk Tidsskrift* 93 (1955), 170-178.
36 Carl Roos, *Prisonen: danske og norske krigsfanger i England* (Kbh. 1953) og Berit Eide Johnsen, *Han sad i prisonen...: sjøfolk i engelsk fangenskap 1807-1814* (Oslo 1993).
37 Johan Hermann Wessel, "Braadne Kar i alle Lande" (i titlen: "Braadne Potter..."), *Samlede Digte* (Oslo 1862), 222-226.
38 Inge Kabell og Hanne Lauridsen, "Danish works on the English language up to the year 1800 – and the men behind them", i: Jørgen Erik Nielsen, udg., *The Twain Shall Meet: Danish Approaches to English Studies* (Kbh. 1992), 145-160, og referencerne der.
39 Gerners digt er trykt i Erik Sønderholm, *Dansk barokdigtning*, bd. 2 (Kbh. 1969).
40 Adolf Hansen, "Engelsk Indflydelse paa dansk Aandsliv og Literatur i det attende Aarh.", *Dansk Tidsskrift* (1906), 391-407.

41 Dan Charly Christensen, *Det moderne projekt: teknik og kultur i Danmark-Norge 1750-(1814)-1850* (Kbh. 1996); *Den ny teknologihistorie* (= *Den jyske historiker*, nr. 61, 1992).
42 Henny Glarbo, *Danske i England* (Kbh. 1956).
43 Carsten Holbraad, *Danish Neutrality* (Oxford 1992) og Ole Feldbæks afsnit i *Revanche og neutralitet 1648-1814* (= *Dansk udenrigspolitiks historie*, II, Kbh. 2002).
44 Knud Lyne Rahbek, cit. Edv. Holm, *Danmark-Norges historie 1720-1814*, VII:2 (Kbh. 1912), 6.
45 E.C. Werlauff, *Af min ungdoms tid* (Kbh. 1954), 105; Kjeld Galster, „Læreren i dansk Litteratur", *Vor Ungdom* (1916), 63; Lady Wilde, *Driftwood from Scandinavia* (London 1884), 52. – Jf. Anders Termansen, „Englandsbilledet i den danske opinion" [note 32], 72, 73, 84, 88.
46 J. Østrup, „Danmarks Neutralitet og Tyskland", *Tilskueren* (1907), 474. Jf. Niels Thomsen, „Den offentlige mening", *Dagligliv i Danmark i det nittende og tyvende århundrede* (I-II, Kbh. 1963-64), I, 642.
47 J. Østrup, „Hjertets Ret eller Hovedets", *Tilskueren* (1903), 70.
48 Marcus Rubin, „Prof. Troels-Lunds Skrift om de tre nordiske Brødrefolk", *Tilskueren* (1906), 378-379. Også vurderingen af England belyses af Sophus Bauditz' *Krøniker fra Garnisonsbyen* [note 23]. Ved udsigten til krig bruger den grundtvigianske adjunkt Møller ordet „arvefjenden" om Tyskland: „Tør jeg spørge, hvad De mener med Arvefjenden?", spurgte Ritmesteren. „... jeg for min Part [vil hellere] klø løs paa Englænderne end paa Tyskerne. Det er naturligvis en Smagssag, men jeg har ikke glemt dem 1807, og skal der være Tale om politisk Gemeenhed blandt Nationerne, saa vinder sgu Englænderne Prisen!" (s. 281).
49 Thyge Stenstrup, „Erik Arups syn på Danmarks forsvar", *Historisk tidsskrift* 95 (1995), 314-316.
50 Patrick Salmon, *Scandinavia and the Great Powers, 1890-1940* (Cambridge 1997), kap. 3; jf. Niels Thomsen, „Den offentlige opinion", *Dagligliv i Danmark i det nittende og tyvende århundrede*, II, 179.
51 Se Jan-Gunnar Rosenblad, *Nation, nationalism och identitet: Sydafrika i svensk sekelskiftedebatt* (1992); E. Kuparinen, *An African Alternative: Nordic Emigration to South Africa* (1992); Preben

Kaarsholm, „Anti-imperialisme i England i Boerkrigsperioden", *Den jyske historiker*, nr. 31/32 (1985), 59-73.
52 N.C. Frederiksen i *Politiken*, 18. juni 1900, og hans „Bemærkninger om nogle Forhold mellem de engelske og de skandinaviske Folk", *Tilskueren* (1891).
53 Inge Kabell & Hanne Lauridsen, „Danish works on the English language up to the year 1800" [note 38], 148; Otto Jespersen, „Latin og 'moderne humanistisk'", *Tilskueren* (1901) og „Det engelske Sprog", *Tilskueren* (1905).
54 Edv. Brandes, „Dansk og fremmed Sprog", *Det ny Aarhundrede* (1908-09).
55 *Oehlenschlägers Ungdomserindringer*, udg. Louis Bobé (Kbh. 1915), 76.
56 *Vor Ungdom* (1897), 164.
57 *En kjøbenhavnsk Købmands Ungdomshistorie: Optegnelser af Luis Bramsen 1819-44* (Kbh. 1917), 48.
58 *New essays by De Quincey*, ed. S.M. Tane (Princeton 1966), 61. De Quinceys essay „The Confessions of an Opium-Eater" blev allerede i 1822 oversat til dansk og trykt i et medicinsk tidsskrift, *Ny Hygæa*. (Venlig meddelelse fra Jes Fabricius-Møller.)
59 C.M. Poulsen, „Om den directe Dampskibsforbindelse imellem Jylland og England", *Dansk Tidsskrift* 3 (1849), 489.
60 Nüchel Thomsen, „Dansk-engelsk samhandel", 117; Carl Thalbitzer, „Dansk Expansion", *Tilskueren* (1922/II); J. Østrup, „Danmarks Opgaver i Udlandet", *Dansk Tidsskrift* (1906).
61 Se Aage Heinberg, *Danske i England, Skotland og Irland* (Kbh. 1934), 196. Mange af de biograferede tilskrev deres succes de sprogkundskaber, de havde erhvervet sig. Oplysningerne om uddannelse er ikke helt præcise, men af de 119 personer havde 31 studentereksamen, de fleste en matematisk. Kun én, Jacob Helweg-Møller der blev lektor i dansk ved Londons universitet, kan med sikkerhed siges at have været nysproglig.
62 J.L. Heiberg, „Om Lystspillet 'Brødrene Foster'", *Om Vaudevillen og andre kritiske artikler*, udg. Hans Hertel (Kbh. 1968), 212 ff.
63 Vagn Wåhlin, „Grundtvig in the 19th century", i: *Heritage and Prophecy: Grundtvig and the English-speaking World*, udg. A. Allchin (Århus 1992), 258. Under en debat i rigsdagen i 1849 hævdede en arvefæster Schroll at „naturstaten Danmark" adskilte sig fra kapita-

listiske lande som Storbritannien og USA, se Niels Clemmensen, "Fra Junigrundlov til revideret Junigrundlov 1849-1866", *Den jyske historiker,* nr. 83/84 (1999), 189.

64 N.F.S. Grundtvig, "Mands Minde" (1838), i Ernst J. Borup og Fr. Schrøder, udg., *Haandbog i N.F.S. Grundtvigs Skrifter,* II (Kbh. 1930), 80-81.

65 Erik Møller, *Grundtvig som Samtidshistoriker* (Kbh. 1950), 22.

66 Holger Begtrup, "Vinduet i Vest", *Højskolebladet* (1910); her også Valdemar Bennikes replik. Begtrup påstod i øvrigt at han ikke selv brød sig om udtrykket. Jf. Uffe Grosen, *Danmark og England: Ved Vinduet i Vest* (Kbh. 1945).

67 Vilhelm Beck i en afvisning af anglo-amerikanske vækkelsesbevægelser ca. 1900, citeret i Elith Olesen, "Den fjerde retning – hvad mon det er for en indretning?", *Kirkehistoriske samlinger* (1996), 190. Disse bevægelser fik dog faktisk betydelig indflydelse på Indre Mission uden for København. (Venlig meddelelse fra Sidsel Eriksen.)

68 Citeret i Elith Olesen, *Der stod et vejr fra vest: Olfert Ricard* (Kbh. 1997), 73. Jf. samme forfatters *De frigjorte og trællefolket: Amerikansk-engelsk indflydelse på dansk kirkeliv omkring 1900* (Kbh. 1996).

69 Kierkegaard citerer således Shakespeare på tysk, se Alf Henriques, *Shakespeare og Danmark* (Kbh. 1940), 94-95, og han bliver nervøs da der i 1829 kommer et forslag om at indføre engelsk i latinskolen, se Joachim Garff, *SAK Søren Aabye Kierkegaard. En biografi* (Kbh. 2000), 14, 20. Grundtvig læste Gibbon på tysk, se Ole Vind, *Grundtvigs historiefilosofi* (Kbh. 1999), 287. I gymnasiernes biblioteker fandtes engelsk litteratur sjældent i original, som regel i tyske oversættelser.

70 *Wahlverwandtschaft: Skandinavien und Deutschland 1800 bis 1914,* udg. B. Henningsen o.a. (Berlin 1997); Gilbert Murray, *Impressions from Scandinavia in War-time* (London 1916).

71 Werlauff lærte det som 13-årig ved privatundervisning af en sproglærer Bay; grosserer Luis Bramsen af ordbogsforfatteren James Ferrall, der underviste på Det Westenske Institut, se Jens Axelsen, *En rød klassiker: Dansk-engelsk ordbog 1845-1995* (Kbh. 1995), 133. Den nationalliberale politiker J.F. Schouw fik undervisning af en amerikansk dreng. (Venlig meddelelse fra Hans Vammen). Fr. Bajer lærte det af sin faster Sille Beyer, der stod for en række Shakespeare-

bearbejdelser, se hans *Livserindringer* (Kbh. 1909-10), 104; Fr. Paludan-Müller af en slægtning der havde boet i Dansk Vestindien (hvis rolle for engelskkundskaberne i Danmark i øvrigt var en undersøgelse værd).

72 David Skilton, "Georg Brandes, English literature and British parliamentary democracy", i: *The Activist Critic*, ed. Hans Hertel & Sven Møller Kristensen (= *Orbis Litterarum*, Supplement no. 5, 1980), 37-48 (her s. 42).

73 *Politiken*, 23. november 1895; Dora Russell, *The Tamarisk Tree* (London 1975), 41.

74 J. Østrup, "Hjertets Ret eller Hovedets", *Tilskueren* (1903), 70; Otto Jespersen, "Brandes og engelsk Litteratur", *Tilskueren* (1912/I), 194-195.

75 Georg Brandes, "England og Danmark" og "Frelsen ved at ligge død", i *Samlede skrifter*, XVIII (Kbh. 1910), 359-362 og 363-373. Jf. hans anmeldelse af Alexander Kiellands *Gift* i (det norske) *Dagbladet* (21.7.1883), hvor han finder at Kiellands roman havde virket stærkere som kritik af latinskolen hvis den ikke havde været så utilitaristisk og frakendt studiet af latin enhver berettigelse: "Der maa dog vel kunne findes en Middelvej mellem Amerikanisme og Madvigianisme". *Samlede skrifter*, III (Kbh. 1901), 442-443.

76 "Hadet til England og den evropæiske Reaktion" (*Politiken*, 22., 23. og 25. januar) og "Engelsk og kontinental Politik" (18., 19. og 25. juni).

77 "General report on Denmark for the year 1906", dateret Kbh. 24. januar 1907, Public Record Office, FO/881/8890, s. 15.

78 P. Munch, "Det nye Tyskland", *Tilskueren* (1913/II), 162. Jf. H.P. Hansen, *Germanisering af dansk Videnskab* (Kbh. 1895).

79 Jørgen Sevaldsen, "Culture and diplomacy: Anglo-Danish relations 1945-49", i *The Twain Shall Meet* [note 38], 9-46; Hans Schrøder Hansen, *Tyskfaget i årene omkring Danmarks besættelse 1940-45* (Kbh. 1996).

80 Jørgen Sevaldsen, "Trade Fairs and Cultural Promotion: Visualising Anglo-Danish Relations", i: *Britain and Denmark* [note 6], 73-108. Professor i engelsk C.A. Bodelsen udgav i 1928 bogen *England* og i 1937 *Det britiske Kolonirige*.

81 Jens Rahbek Rasmussen og Nils Arne Sørensen, *Briterne og Europa* (Kbh. 1997), 127.

82 H. Rider Haggard, *Rural Denmark* (London 1911), 5.
83 Jette D. Søllinge og Niels Thomsen, *De danske aviser 1634-1989* (I-III, Odense 1989), II, 43.
84 Søllinge & Thomsen, II, 27, 33, 44-45 (tabellen „Dansk dagspresses grundtal 1847-1913").
85 Termansen, „Englandsbilledet i den danske opinion" [note 32], 93-94.
86 Søllinge & Thomsen, II, 87-88; R.W. Purdy, „Not of their own making: National identities and the mass media", paper, 4th Conference of the World History Association, Firenze 1995.
87 P. Munch, „Englands Konservative. Toldbeskyttelsens Nederlag", kronik i *Politiken*, 25. januar 1913.
88 Til gennemgangen af avisernes stof har jeg benyttet mig af det emnekartotek over indholdet i udvalgte aviser mellem 1884 og 1918 som Institut for Historie og Samfundsøkonomi udarbejdede o. 1930. Det er tilgængeligt på Det kongelige Bibliotek og Statsbiblioteket.
89 *Politiken*, 30. september 1900, 23. juni 1911.
90 Jeppe Aakjær til Henrik Cavling, 22. juni 1905. *En brevveksling mellem Jeppe Aakjær og Henrik Cavling*, udg. Solveig Bjerre (Herning 1988), 15.
91 *Politiken*, 8. juni 1896. Man undlod dog ikke samtidig at kritisere det historiske afsnit, fordi forfatteren Emil Elberling, som var konservativ, havde ladet sin fremstilling farve af sine politiske teorier: „Et Leksikon er ikke Stedet til at bedømme Gladstones Homerulepolitik [sic] og den begyndende Kamp mod Overhuset". Elberlings bidrag blev optaget stort set uændret i leksikonnets 2. udg., men den allernyeste historie blev her overdraget Paul Læssøe-Müller.
92 *Berlingske Aftenavis*, 10. oktober 1902.
93 Poul Levin vidste selv at han næppe passede til Cavlings angelsaksisk inspirerede journalistik: „Jeg maatte fra at være en ved Politiken uddannet bleg Universitetsspire blive en rask Englænder, der læser og vurderer en Bog mellem en Romatch og en Forretning". Citeret Hakon Stangerup, *Henrik Cavling* (Kbh. 1968), 236.
94 Termansen, „Englandsbilledet i den danske opinion 1830-1864" [note 32], 84, 92. Min tidligere skitse om Danmark og Storbritannien i *Briterne og Europa* [note 81] finder Termansen ikke ganske uberettiget „ensidig", hvad han korrekt tilskriver et ønske om at „afmontere det i dag udbredte billede af et særligt tæt [historisk] forhold" mel-

lem de to lande (99). Omvendt mener jeg nok at Termansens fine analyse (der burde udgives) i mangt og meget bekræfter den ambivalens jeg her har søgt at indkredse.

95 E. Manicus, "Det lærde Skolevæsen i England", *Dansk Maanedsskrift* (1859/II), 341, 346, 419-420, 425.

96 Torben Frische, *Dansk litteratur i gymnasiet 1910-1971* (Kbh. 1971).

97 Johannes V. Jensen, "Det nordiske Forspring", *Tilskueren* (1914/II), 551-553.

98 Uno Berglund, *Om utvecklingen af teorin för den så kallade reformmetoden ved den nyspråkliga undervisningen. En språkdidaktisk studie* (Åbo 1916); Arthur O. Sandved, *Fra 'kremmersprog' til verdensspråk* [note 24], 64-80; Arne Juul, *Den levende fonograf: Nordmændenes Professor Higgins* [dvs. Johan Storm] (Odense 2002), 79-86.

99 Jesper Eckhardt Larsen, *J.N. Madvigs dannelsestanker: En kritisk humanist i den danske romantik* (Studier fra Sprog- og Oldtidsforskning 337, Kbh. 2002).

100 En matematisk student fra 1936, den senere seminarierektor Tage Kampmann, huskede således engelsk- og tysktimerne som kedsommelige og traditionelle "med oplæsning og først og fremmest oversættelse som eneste metode" med det ene formål at vedligeholde mellemskolens stof; taleøvelser var ukendte. Tage Kampmann, *Skolegang i Hellerup 1924-1936* (Kbh. 1992), 70.

101 Vagn Skovgaard-Petersen, *Dannelse og demokrati: fra latin- til almenskole* (Kbh. 1976).

102 Claus Møller Jørgensen, *Humanistisk videnskab og dannelse i Danmark i det 19. århundrede: reform, nationalisering, professionalisering*, I-II (Århus 2000).

103 Se Henrik Andreassen, *Begrundelser for matematikundervisningen i den lærde skole hhv. gymnasiet 1884-1914* (Roskilde 1999).

104 Sven Lindahl, *Et rids af græskundervisningens historie i den højere skole i Danmark* (Odense 1984).

105 Kristian Jensen, *Latinskolens dannelse* (Kbh. 1982).

106 Møller Jørgensen, *Humanistisk videnskab og dannelse* [note 102], 90-91.

107 Ellen Pedersen, i *Odense Katedralskoles historie 1283-1983* (Odense 1984), 177.

108 J. Paludan, *Det højere Skolevæsen i Danmark, Norge og Sverige* (Kbh. 1885), 67.

109 „Noget i Anledning af Ideer, vort lærde Skolevæsen vedkommende", *Minerva* (juli 1795), 38. („Læsningen" er min konjektur for tekstens „Lærlingen"). Stougaard hævdede i øvrigt det synspunkt, at da grammatik var „en gruelig Pinebænk for et Barn", skulle man, når de første regler var lært, „begynde noget sammenhængende med Børnene, og bibringe dem Grammatiken i Forbigaaende" (*ibid.*, 43-4) – et synspunkt der igen og igen lanceres som nyt inden for sprogundervisningen! Se *Imellem kirken og vandet: Aarhus Katedralskole 1195-1995* (Århus 1995), 54-55, for identifikationen af „St–" med Stougaard.

110 Ibid., note **). Jvf. O. Svanholt, *Bøger og metoder i dansk fremmedsprogundervisning* (Kbh. 1968), 55, som citerer Jacob Baden for en udførlig kritik fra 1791 af denne „læren ved omgang" med udannede tyskere.

111 Erik Nørr, Vagn Skovgaard-Petersen og Harry Haue, *Kvalitetens vogter: Statens tilsyn med gymnasieskolerne 1848-1998* (Kbh. 1998), 45.

112 Så beskedent at det end ikke nævnes af Møller-Jørgensen, *Humanistisk videnskab og dannelse* [note 102], 408.

113 Julius Paludan, *Det højere Skolevæsen* [note 108], 99-110; Curt Hahn Petersen, *Seminarium Pædagogicum* (Kbh. 1962). Citatet fra C.N. Starcke, „Den højere Drengeskole", i: *Danmarks Kultur ved Aar 1900*, udg. J. Carlsen, H. Olrik og C.N. Starcke (Kbh. 1900), 203.

114 C.N. Starcke, *Vor Undervisning og det praktiske Liv* (Kbh. 1898). Starcke drev selv i en årrække „Det danske Selskabs Skole", hvor han forsøgte at anvende sine pædagogiske principper. I 1911 bukkede skolen under for den ubarmhjertige konkurrence mellem de københavnske privatskoler; se Vagn Skovgaard-Petersen, *Dannelse og demokrati* [note 101], 171. Jf. Grå Borup-Nielsen, *A study of the two experimental schools of C.N. Starcke and John Dewey* (Lewiston, NY 1995).

115 Starcke, „Den højere Drengeskole", 203.

116 Se *Samling af Bestemmelser om Borger- og Almueskolevæsenet i Kjøbenhavn*, I-II (1891-1913).

117 Anordning for Almueskolevæsenet i Kiøbstederne, 29. juli 1814, stk. 1.

118 Forordning angaaende de lærde Skoler, 7. nov. 1809, stk. 1 og 5.

119 Forordning af 7. nov. 1809, stk. 30.

120 P. Larsen, „Forslag til en udvidet og forbedret Skoleundervisning paa Landet", *Vor Ungdom* (1891), 136.
121 *Aftenskolens historie i Danmark: 200 års folkeoplysning* (Kbh. 1987), 65; Gunhild Nissen, *Bønder, skole og demokrati* (Kbh. 1973), 148-53.
122 I 1893 afviste et udvalg i København et forslag om at nedlægge alle betalingsskoler; det ville berøve kommunen en indtægt på 100.000 kr. og drive mange børn over i dårlige privatskoler. Derimod kunne man roligt gøre undervisningen i de to skoletyper fuldstændig ens, „fordi – som det med en meget diplomatisk Udtryksmaade siges – det mere er Hensynet til de Hjem, fra hvilke Børnene antages at komme, end Tanken om nogen videregaaende Undervisning, der leder Forældrene til at sætte deres Børn i en Betalingsskole". Magistraten indrømmede at der kunne være noget om dette, men mente at med helt identisk indhold ville et stort antal forældre trods alt vælge den gratis undervisning. Se *Årsberetning for Det pædagogiske Selskab 1893-94* (Kbh. 1895), 72.
123 I Københavns borgerskoler holdt man sig udelukkende til tysk. I 1814 skulle eleverne kunne forstå en ikke alt for vanskelig bog, i 1844 havde man ambitioner om at de „om mulig ... kunne gjøre sig forstaaelige i Sproget". *Samling af Bestemmelser om Borger- og Almueskolevæsenet i Kjøbenhavn*, I (Kbh. 1891), 59-60, 131.
124 Anordning af 29. juli 1814, del IV, kap. 1-2.
125 William Norvin, ed., *Sorø – Klostret, Akademiet, Skolen* (Kbh. 1913 ff.), I, 594.
126 Norvin, II, 214 ff.
127 Norvin II, 399, 414, 423, 427. Jf. Nielsen, *Den samtidige engelske litteratur og Danmark* [note 13], 48.
128 Kai Hørby, „Grundtvigs højskoletanke og Sorø Akademis reform 1842-1849", *Årbog for dansk skolehistorie* 1 (1967), 61-62.
129 Der havde kortvarigt været tilbudt undervisning – frivillig og uden for timeplanen – i engelsk på Christiania Katedralskole o. 1720. Da skolen i 1798 blev lagt sammen med borgerskolen, kom engelsk igen på timeplanen; men man måtte snart konstatere at realisterne gik ud af skolen „når de fik mulighed for at komme til England eller komme i lære". Einar Høigård, *Oslo Katedralskoles historie* (Oslo 1942), 119, 191-192. – En borgerskole med vægt på realfagene blev åbnet i Trondheim i 1783, dvs. flere år før Efterslægten og Borgerdydskolen i København.

130 Det havde ellers været en betingelse i det Brockske legat, som var med til at finansiere Borgerdydskolen. Holger Lund, *Borgerdydskolen i Kjøbenhavn 1787-1887* (Kbh. 1887), 20.
131 Lund, *Borgerdydskolen*, 22, 212, 218.
132 Jørgen Hatting, *Efterslægtselskabet og dets Skole* (I-II, Kbh. 1936), I, 129-130.
133 Gunhild Nissen, „Fra dannelsesdiskussionen i 1830ernes og 1840ernes skoledebat", *Årbog for dansk skolehistorie* 2 (1968), 51; jf. Jesper Eckhardt Larsen, *J.N. Madvigs dannelsestanker* [note 99] og Harry Haue, *Almendannelse som ledestjerne: en undersøgelse af almendannelsens funktion i dansk gymnasieundervisning 1775-2000* (Odense 2003).
134 Citeret Nissen, „Dannelsesdiskussionen", 54. Mynsters synspunkter er helt parallelle med den britiske debat på dette tidspunkt, som han muligvis kan have kendt. Her lagde man ikke skjul på at ligesom skolernes sportsdyrkelse skulle „keep boys occupied in the day and tired at night", så var de klassiske sprog „the most effectual agents in keeping a boy's nose at the grindstone". Derudover dannede de naturligvis elevernes karakter og lederevner – netop den *public character*, Mynster talte om – og etablerede et elitært kulturfællesskab. Se J.R. Rasmussen, „Education and empire: the „New School" movement in England and abroad", *Les cahiers de l'observatoire de la société britannique contemporaine*, 6/1993, 204-205.
135 Biskop S.P. Brammers tale ved rektorindsættelse i Randers 31. juli 1846, trykt i hans *Vor Tids Fordringer til Danmarks Skolevæsen* (Kbh. 1850), 67-68.
136 Brammer, *Vor Tids Fordringer*, 69, 74. Se også note 24.
137 Brammer, *Vor Tids Fordringer*, 71.
138 Brammer, *Vor Tids Fordringer*, 68. Når fortalerne for realskoler hævdede at de var nødvendige for erhvervsudviklingen, blev de ofte imødegået med det argument at netop i det højtudviklede England spillede de klassiske sprog en central rolle i skolen. Se fx S.N.J. Bloch, *De nyere Forslag om Oprettelse af høiere Realskoler* (Roskilde 1836), 35. – Jf. om latinens rolle i andre landes skoler Christopher Stray, *Classics Transformed: Schools, Universities, and Society in England, 1830-1960* (Oxford 1998); Francoise Waquet, *Latin or the Empire of a Sign* (London 2001, fransk 1998).
139 Brammer, *Vor Tids Fordringer*, 69.

140 Einer Høigård, *Oslo Katedralskoles historie*, 205.
141 Brammer, *Vor Tids Fordringer*, 70.
142 Der blev eksamineret „i Modersmaalet, enten Dansk eller Tydsk", en afspejling af det danske monarkis tosprogethed; senere nævnes en eksamen i tysk, uden at der dog ses nogen tilsvarende i dansk for tysksprogede. Se bekendtgørelsen af 14. september 1838 om almindelig forberedelseseksamen, *Reskripter* (1838), 226-27.
143 Torsten Lange, „Et Brev fra Sorø", i: Per Salling, udg., *Fra Tugtens Tid: Erindringer fra Sorø Akademis Skole 1822-1962* (Kbh. 1990), 46-47.
144 K.C. Nielsen og V.A. Borgen, *Et Par Ord om Underviisningen i det v. Westenske Institut* (Kbh. 1833).
145 Ordvalget ligger tæt op ad formuleringerne i J.P. Mynsters artikel fra 1832: „Nogle Bemærkninger om det lærde Skolevæsen i Danmark", *Dansk Ugeskrift* 2 (1832), 53-74; for identifikationen af forfatteren, se Nissen, „Dannelsesdiskussionen", 65 note 10. Mynster havde siden 1817 været medlem af Direktionen for Universitetet og de lærde Skoler, og blev 1834 udnævnt til biskop for Sjælland. – Til gengæld har forfatterne åbenbart ikke kendt (eller anerkendt) Madvigs principielle afvisning af synspunktet i hans artikelrække i *Maanedsskrift for Litteratur* 8-9 (1832-33).
146 Nielsen og Borgen, 5-6.
147 Nielsen og Borgen, 11.
148 H.C. Ørsted, „Polytechnisk Læreanstalt", *Maanedsskrift for Litteratur* 2 (1829), 442-458.
149 J.F. Schouw, „Om den naturhistoriske Underviisning i de lærde Skoler", *Dansk Ugeskrift* 2 (1832), 141-152.
150 Nielsen og Borgen, 12. Eksemplet med knappenålen må vel henvise til Adam Smith.
151 Også her mildnes tonen dog da det kommer til den faktiske historieundervisning. Her placeres historien nærmest ved sprogene (mange af de klassiske forfattere man læste, var jo historikere), og der er nu ikke noget i vejen for at elevens „Forstand kan flersidigen uddannes, naar han vejledes til at forske efter Begivenhedernes Udspring, at knytte Virkning til Aarsag". Nielsen og Borgen, 10.
152 Nielsen og Borgen, 5, note *).
153 Nielsen og Borgen, 6.
154 Dette var helt exceptionelt, og blev i øvrigt snart opgivet. Det eneste

sted, jeg i øvrigt er stødt på undervisning i italiensk (eller for den sags skyld noget andet moderne sprog ud over de tre store), er Christianis institut ca. 1780, se *Niels Brocks Handelsskole 1888-1963* (Kbh. 1963), 21.
155 v. Westens Institut, *Indbydelsesskrift* (1845), 11.
156 Denne var 1795 blevet udskilt fra Borgerdydskolen i København (Østre Borgerdyd).
157 C. Svenningsen, „Bidrag til vor Skoles Statistik i Tidsrummet fra August 1831 indtil Juli 1848", i: *Indbydelsesskrift til den offentlige Aarsprøve i Borgerdydskolen paa Christianshavn fra 16de til 19de Juli 1849* (Kbh. 1849), 6-7.
158 N.B. Krarup, „Underviisningsmaaden i Borgerdydskolen paa Christianshavn", i: *Indbydelsesskrift til den aarlige Hovedexamen fra 16de til 21de Juli 1841* (Kbh. 1841), 29-34.
159 M. Hammerich, „Grundplan for Skolens Undervisnng fra Forberedelses- til Afgangsclassen", i: *Indbydelsesskrift for ... Borgerdydskolen paa Christianshavn* (1858), 19.
160 Sandved, *Fra 'kremmersprog' til verdensspråk* [note 24], 36.
161 Borup & Schrøder, udg., *Haandbog i N.F.S. Grundtvigs Skrifter,* II (Kbh. 1929), 72, 37, 65.
162 Flemming Lundgreen-Nielsen, „Grundtvig og danskhed", i: *Dansk identitetshistorie,* III (Kbh. 1992), 70-71.
163 Kai Hørby, „Grundtvigs højskoletanke og Sorø Akademis reform 1842-1849", *Årbog for dansk skolehistorie* 1 (1967), 75.
164 Hans Jensen, *De danske Stænderforsamlings Historie,* I (Kbh. 1931), 447-449.
165 Laurits Pedersen, *Almueundervisning i en dansk Købstad* (Kbh. 1909).
166 Blandt de 119 biograferede i Aage Heinberg, *Danske i England, Skotland og Irland* (Kbh. 1934) er der 21 cand. polyt'er.
167 Flemming Conrad, *Smagen og det nationale: studier i dansk litteraturhistorieskrivning 1800-1861* (Kbh. 1996), 99 ff., 212 ff., 242 ff. Jf. hans „Dansk er godt. Den danske lærde skoles litteraturhistorier ca. 1860-1920", i: *Videnskab og nationalopdragelse. Studier i nordisk litteraturhistorieskrivning,* II (= Nord 2001:30, Kbh. 2001), 403-447.
168 *Collegial-Tidende* (1845), 734.
169 Ingerslev tog altså ikke til England; da D.G. Monrad 1842-3 stude-

rede folkeskoler, besøgte han derimod udover Berlin, Leiden og Haag også London. Vagn Skovgaard-Petersen, „Hvor kom ideerne fra?", *Fra Monrad til Vig* (= *Uddannelse* 31:3, marts 1998), 62-63.
170 *Collegial-Tidende* (1845), 725-730.
171 *Ibid.*, 730.
172 *Indbydelsesskrift for Odense Katedralskole* (1844), 33.
173 *Collegial-Tidende* (1845), 730.
174 M. Favrholdt, *Haderslev Latinskoles historie 1567-1967* (Kbh. 1966), 163-164, 214.
175 Citeret i Skovgaard-Petersen, *Dannelse og demokrati* [note 101], 207 note 3.
176 *Ibid.*, 212.
177 *Ibid.*, 215.
178 F. Rønning, *Realskolen i Danmark* (Kbh. 1916).
179 *Meddelelser* (1879), 3-156. Adressen findes aftrykt s. 3-4 og en liste over de udkomne indlæg s. 39. På listen mangler dog bl.a. Kr. Rovsings *Om Sprogundervisningen i de lærde Skoler* (1863) – overraskende i betragtning af at Rovsings hovedsynspunkter gengives i hans responsum s. 62-68.
180 *Meddelelser* (1857-78), 164.
181 J.L. Ussing, *De lærde Skolers Underviisningsplan og de levende Sprogs Stilling i samme* (Kbh. 1864).
182 *Meddelelser* (1857-78), 158.
183 Forslagets § 6, *Meddelelser* (1857-78), 219. I øvrigt var latin fællessprog for alle linjer, mens græsk var forbeholdt klassikerne.
184 Chr. Richardt, „Gyldendalske Boghandels Hundredaarsfest" (1870), *Billeder og Sange* (Kbh. 1874), 17-18.
185 *Meddelelser* (1857-78), 380-381. Andre argumenter mod fransk var at det var for ensidigt bundet til en forstandskultur eller at litteraturen var for frivol. At disse stereotyper, deres empiriske eksistens forudsat, pegede på temmelig markante kulturforskelle inden for Frankrig, blev så vidt jeg har kunnet se i mit materiale aldrig genstand for seriøs debat. Se også s. 21, note 24-25.
186 *Meddelelser* (1857-78), 223, 229, 268-269.
187 Tallene er taget fra tabellerne i (de fra 1884 årlige) *Meddelelser* for de lærde skoler; for Nykøbing F. stammer de for tiden 1875-83 fra skoleprogrammerne. Madvig konstaterede allerede i 1873 at erfaringen havde vist at „Engelsk næsten uden Undtagelse vælges istedenfor

Tysk", og spåede at dette ville fortsætte „i den nærmeste Tid". I årene 1875-1879 var forholdet mellem engelsk og tysk i V./VI. klasse på landsplan i runde tal: 21:1 – 7:1 – 7:1 – 6:1 – 4:1.

188 Oluf Friis, *Den unge Johannes V. Jensen 1873-1902*, I (Kbh. 1974), 77, 92.

189 Johan Ottosen, „Nationale Synspunkter for Sprogundervisningen", *Beretning* (1895), 52, 54. Jf. Vagn Skovgaard-Petersen, „Johan Ottosen: skolemand og politiker", i: *Festskrift til Povl Bagge* (Kbh. 1972), 275-299.

190 *Meddelelser* (1889-90), 40-232.

191 En kort oversigt over de forskellige organisationer findes i Mogens Rüdiger, *Tjener i åndernes rige: Dansk Magisterforening 1918-1993* (Kbh. 1993), 17-28; jvf. Carl Johan Bryld m.fl., *GL 100. Skole, stand, forening* (Kbh. 1990) og A.S. Steenberg, „Foreninger for de højere Skolers Lærere i de nordiske Lande", *Vor Ungdom* (1891), 163-175.

192 Udover det stiftende møde i 1890 (og et forberedende møde hertil året før) blev der holdt møder i 1891, 1892, 1893, 1895, 1898, 1900-6, 1908-11, 1913, 1915, 1916, 1918, og derefter i de ulige år 1921-27 og 1931-35, samt 1930. – Et forslag i 1891 om at få lagt hvert andet møde i en provinsby blev nedstemt.

193 Se A.S. Steenberg, „De højere Almenskolers Lærerforening", *Beretning* (1915), iii-ix, og oversigten over de emner der blev behandlet på møderne (x-xvii).

194 N. Hjort, „De nyere Sprogs Stilling i Skolen", *Beretning* (1890/1), 61-76, 92-101.

195 Hjort, 63.

196 Hjort, 71-2.

197 Fr. Dahl, i *Vor Ungdom* (1879), 297.

198 Hjort, 69.

199 A.B. Drachmann, „Skolereformen af 1903", *Tilskueren* (1912/II), 23. Jf. Niels Bang, „Skolen af 1903", *Tilskueren* (1914/I).

200 Citeret i Jens Axelsen, „Kampen mellem engelsk og tysk", *En rød klassiker: Dansk-Engelsk Ordbog 1845-1995* (Kbh. 1995), 136-137.

201 Jean Pio, i: *Vor Ungdom* (1881), 132-133.

202 Carl Michaelsen, i: *Vor Ungdom* (1881), 38.

203 Omtrent samtidig prøvede Danmark i øvrigt forgæves at tale den britiske regering fra at gøre engelsk til rets- og forvaltningssprog i Ægypten, med den begrundelse at det ville føre til et babelsk virvar

hvis man accepterede andre internationale sprog end fransk. Se Jens Rahbek Rasmussen og Nils Arne Sørensen, *Briterne og Europa* (Kbh. 1997), 121.
204 *Vor Ungdom* (1880), 288-302.
205 *Vor Ungdom* (1882), 452-453; (1883), 280.
206 F. Giersing, *Vor Ungdom* (1884), 410-411 og S.C. Larsen, *ibid.*, 93.
207 Johan Ottosen, „Nationale Synspunkter for Sprogundervisningen", *Beretning* (1895), 52, 54.
208 I 1900 konstaterede Ottosen derimod, tilsyneladende med tilfredshed, at den nye ordning ville operere med tre „kulturcirkler": yderst fransk, derefter engelsk og tysk („den gotisk-germanske kulturkreds"), og inderst dansk og nordisk.
209 Østerberg, *Beretning* (1904), 110.
210 Jul. Nielsen, *Beretning* (1904), 130.
211 Tuxen i *Beretning* (1916), 111. Jvf. *Beretning* (1900), 79.
212 *Beretning* (1904), 141.
213 Jf. note 98. Det er værd at nævne at der fandtes nytænkning inden for sprogindlæringen også før Otto Jespersen; det såkaldte „Listovske system" (efter Jens William Victor Listov, 1826-1888) havde således betydelig pædagogisk succes. Jf. A. Boysen, „Professor Listovs engelske System", *Vor Ungdom* (1883), 84-113.
214 Tuxen, *Beretning om Undervisningen i Gymnasieskolen* (Kbh. 1914), 98.
215 Vagn Skovgaard-Petersen, *Dannelse og demokrati* [note 101], 174 ff.
216 *Kvalitetens vogter* [note 111], 19.
217 Se J. Sevaldsen, „Culture and diplomacy: Anglo-Danish relations 1945-49", i: *The Twain Shall Meet* [note 38] (Kbh. 1992), 12-13, 34-35.
218 Georg Bruun, „Nyt Maal – nye Midler", *Vor Ungdom* (1904), 12-13.
219 Georg Bruun, *Skolens Enhed* (Kolding 1900); jf. Vagn Skovgaard-Petersen, „Bag skolens reform – Georg Bruun (1861-1945)", i Carl Johan Bryld, udg., *Fra skolehus til amtsgymnasium: Kolding Amtsgymnasium og HF-kursus* (Kolding 1992), 59-66.
220 *Beretning* (1902), 131.
221 *Vor Ungdom* (1908), 288. Anmelderen G. Selchau delte tydeligt nok heller ikke Jespersens glæde over den udvidelse af horisonten som kontakten med englændere og deres kultur kunne give danske hjemmefødninge. Desværre indeholdt antologien, skrev Selchau, flere hi-

storier der berørte „den Slags Fantasiens Udskejelser, som ikke er sjældne hos store Nationer, men er saa underlig fremmedartede for os Danske, hvis Indbildningskraft er mere tøjlet og sund". – Om dette tema, dansk sundhed contra engelsk dekadence, hed det i øvrigt i 1930 – i et tidsskrift der tilmed var viet bedre dansk-britisk forståelse – at Danmark, underforstået i modsætning til England, som „a country in which about half the population live on the soil is unlikely to become a nation of degenerates". *Anglo-Dania* 2:16 (1930), 31.

222 Anmeldelse i *Vor Ungdom* (1907), 237-40. Kritikken kan synes forhastet; 1907 var det første år med nysprogligt gymnasium, og læsningen af lyrik var henlagt til 2. og 3. G.

223 Georg Bruun, „Engelsk i det nysproglige Gymnasium", *Vor Ungdom* (1913), 475-483.

224 *Beretning* (1902), 136. Otto Jespersen replicerede at da han i mange tilfælde først så bifagskandidaterne den dag de gik til eksamen, måtte han fralægge sig ansvaret for deres manglende talefærdighed.

225 Gerson Trier foreslog i øvrigt i 1902 at universitetet ansatte indfødte lektorer til at varetage denne undervisning, men ideen blev modtaget med skepsis af Otto Jespersen.

226 Siden 1904 havde der været gennemført sommerkurser i engelsk med indfødte lærere (og siden 1907 i tysk); kurserne synes at have været en succes, men deres kapacitet kan næppe have dækket efterspørgslen.

227 Carol Gold, *Educating Middle-Class Daughters: Private Girls' Schools in Copenhagen 1790-1820* (Kbh. 1996); jf. Nielsen, *Den samtidige engelske litteratur og Danmark* [note 13], 48-49.

228 Herman Trier i det af ham redigerede *Vor Ungdom* (1886), 109-110; jvf. *Beretning om Studentersamfundets Aftenundervisning for Arbejdere*, I-III (Kbh. 1885-1898).

229 „Sagen er, at vor Kultusminister (Biskop) og vor Departementschef [H.F. Sthyr og A.F. Asmussen] hver har Sønner, som ikke egner sig for Græsklæsning og heller ikke maa gaa den matematiske Vej ... følgelig maa der oprettes en tredie Retning", skrev senere undervisningsinspektør S.L. Tuxen i 1899 til en svensk skolemand, citeret Skovgaard-Petersen, *Dannelse og demokrati* [note 101], 181.

230 Procentdelen af piger der valgte nysproglig linje var faldende:

1911	1921	1931	1941
84%	77%	72%	61%

Derimod voksede procentdelen af piger på linjen:

1911	1921	1931	1941
31%	44%	46%	50%

231 Citeret efter festskriftet *Kvindelige Akademikere 1875-1925* i Otto Zahle, „Bidrag til Eksamensafdelingens Historie", *Natalie Zahle til Minde 1827 – 1852 – 1927* (Kbh. 1927), 136.
232 Otto Jespersen i *Politiken*, 24. maj 1925, citeret af Otto Zahle, „Bidrag", 137; Skovgaard-Petersen, *Dannelse og demokrati* [note 101], 307-309.
233 Skovgaard-Petersen, *Dannelse og demokrati*, 205; *Beretning* 1900, 68-69.
234 Osvald Larsen i *Beretning* (1925), 85. Se også indlægget fra Jens Pedersen, Købmandsskolen, i *Gymnasieskolen* (1925/26), 13-14.
235 *Betænkning afgiven af Kommissionen af 28. Maj 1914 til Overvejelse af Spørgsmaalet om Adgang til Universitetet for Dimittender fra Niels Brocks Handelsskole* (Kbh. 1915).
236 *Beretning* (1915), 28-43.
237 *Beretning* (1915), 40.
238 *Beretning* (1915), 76.
239 *Beretning* (1915), 78. Ottosen fortsatte: „For de kvindelige Studerendes Vedkommende vilde det ikke være praktisk, men saa kunde man jo lave en mere literær Retning for dem". Tanker om et særligt pensum for de stadig mere talrige kvindelige gymnasiaster vedblev længe at spøge; den store skolekommission 1919-23 overvejede at indføre husgerning, da de fleste kvinder jo alligevel ikke læste videre, men endte som husmødre. På Zahles skole blev der fra 1911 til 1939 undervist på en særlig kvindelinje („de sociale klasser"), jf. Vagn Skovgaard-Petersen, „Henriette Skram", *Dansk Biografisk Leksikon* 13 (1983).
240 Det kan tilføjes at det mig bekendt første forslag om en biologisk linje blev fremsat i 1923: Henrik Bertelsen, „Skoleloven af 21. febr. 1919", *Beretning* (1923), 56-57.
241 Lars Bille, „Niels Brocks Handelsskole i 100 år", i: *Vigtigere end no-*

gen sinde: Uddannelse – tanker – perspektiver: Niels Brocks Handelsskole 1888-1988 Kbh. 1988), 9-33; Jens Vibæk og Jan Kobbernagel, Foreningen til Unge Handelsmænds Uddannelse 1880-1980 (Kbh. 1980).

242 Foredrag og debat i Beretning (1925), 4-86; Nina Bangs indlæg s. 46-52. Jf. Karsten Faurholt, Nina Bang: mennesket og politikeren (Odense 1997).

243 K. Mortensen, „Danskundervisning", Beretning (1931), 50-53.

244 Börjeson, „Der Deutschunterricht in Dänemark" [note 213], kap. VIII.

245 Gymnasieskolen 17 (1934), 75. Jf. Svend Bruun, „Fagene Engelsk og Tysk i vor Skole", Vor Ungdom 68 (1946-47), 1-13.

246 C.A. Bodelsen i en anmeldelse i Gymnasieskolen 18 (1935), 183. Se også Kirsten Haastrup & Niels Haastrup, „Fremmedsprog som talesprog – engelsk som internationalt sprog", i: Vagn Oluf Nielsen, udg., Skolefag i 100 år (Kbh. 1995).

247 Beretning (1933), 64.

248 Citeret Börjeson, „Der Deutschunterricht in Dänemark", 97.

249 Beretning (1918), 67.

250 Svend Bruun i Gymnasieskolen 12 (1929), 104.

251 Beretning (1927), 49, 61, 65. Udvalgets formand var Jacob Helweg-Møller, der i en årrække havde været dansk lektor i London, jf. note 61.

252 Betænkning vedrørende det højere Skolevæsen (Kbh. 1930), 73-74.

253 Betænkning vedrørende Undervisning i Gymnasiet (Kbh. 1933), 92-93.

254 I en anmeldelse af en hollandsk bog, Comic Art in England, hed det at bogen „paa udmærket Vis paaviser Forskellen mellem engelsk og fransk-tysk Humor og uddyber det specielt engelske. Det synes som Hollænderne – lige som vi selv – bedre forstaar engelsk Humor end den galliske, germanske". Anglo-Dania 2:24 (1930), 17.

255 I 1946 gik der rundt regnet 50% flere af en årgang i matematisk linje end i 1931:

	1931	1936	1941	1946
Alle	39	44	54	57
Mænd	47	56	63	69
Kvinder	26	30	37	39

Statistisk Departements femårsoversigter *Børneskolen* (Kbh. 1927-31, 1932-36, 1937-41, 1942-46). Jf. „Det nysproglige Gymnasiums Fremtidsmuligheder", *Gymnasieskolen* 18 (1935), 27-41 og Svend Bruun, „Fagene Engelsk og Tysk i vor Skole", *Vor Ungdom* 68 (1946-47), 1-13.

256 *Beretning* (1927), 48; *Betænkning vedrørende Undervisning i Gymnasiet* (Kbh. 1933), 95. – Det blev fremført at det i tysk var muligt at læse Goethe eller Schiller selv på nysprogligt bifag, mens man i engelsk kun kunne læse Shakespeare på hovedfag.

257 En af de meget anvendte antologier om britiske samfundsforhold var *A Contemporary Reader* fra 1937, som viderebragte mellemkrigstidens „konservative modernisme" og billedet af den anstændige, flegmatiske, piberygende engelske *gentleman* som indbegrebet af nationen – og som stadig blev benyttet i forfatterens gymnasietid tredive år senere. Jf. Børge Vesterholm, „Fra fantasiløshed til perspektivløshed? En undersøgelse af tekstlæsningen i det nysproglige gymnasiums engelskundervisning 1930-1980" (speciale, Københavns Universitet 1982).

258 Hans Hertel, „Armstrong, Bogart, Churchill...Penguin: the Danish Turn to Anglo-American Cultural Values from the 1920s to the 1950s", i: *Britain and Denmark* [note 6], 431-475.

259 J. Sevaldsen, „Culture and diplomacy: Anglo-Danish relations 1945-49" [note 79], 12-13, 34-36.